Serge FILION

GESTION DE CLASSE
Ce qu'on ne vous dira jamais...

Une édition du 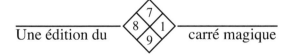 carré magique

Edition 2019

Tous droits de traduction, reproduction
et d'adaptation réservés pour tous pays

crédit photo Céline Cros

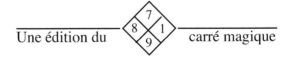

TABLE DES MATIÈRES

PREMIÈRE PARTIE

Mieux vaut impliquer qu'expliquer	15
Arrêtons de leur demander : avez-vous compris ?	16
Savoir communiquer avec les parents	18
Avez-vous repéré l'élève baromètre ?	19
Comme c'est compliqué de se mettre en rangs !	20
La pensée latérale pour aller droit au but	21
Les transitions, source de perturbation	22
Une consigne, c'est une seule tâche	24
Il faut agir avant de penser !	25
Evitez le bazar, apprenez-leur à observer	26
Tu aimerais que je te fasse pareil ?	27
Thierry, tu as vu le dégât que tu as causé !	28
Attention à la première question	29
Peut-on écrire ce que l'on pense ?	30
Tellement agités, on a dû couper l'eau !	31
Je vous ordonne de m'écouter !	32
Et si on faisait le contraire !	33
Prendre l'enfant à son propre piège	34
Qui a lancé cette boulette au tableau ?	35
Laura ne relit que ses dictées	36
Le jeu, est-ce vraiment sérieux ?	37
Nos élèves ne sont-ils que des cerveaux ?	38
Ils sont inconscients ou quoi ?	39
Et si on arrêtait d'être négatif ?	40
Ne le frappe pas avec un archet	41
Récré... enfin un temps de défoulement !	42
J'attends que le calme revienne !	43
Comment garder son calme	44
Quand une question en cache une autre	46
Tu es fatigué de marcher ? Courons !	47
L'enfant n'est pas un petit adulte	48
Pourvu qu'ils m'écoutent avec attention	50
On ne sort pas tant qu'il y a du bruit	51
Gérer les conflits en récréation	52
Les hommes ont une meilleure autorité ?	54

A quel moment doit-on sévir ?	55
C'est le corps qui se concentre, pas la tête	56
Concrètement, on fait quoi au primaire ?	57
Et s'ils étaient tous responsables !	58
Voici un exemple de torture d'enfants	59
Pas de besoin ? Alors, pas d'attention !	60
Passe-moi le marteau, je vais te montrer	61
La structuration cognitive, c'est facile	62
L'imitation, bonne ou mauvaise chose ?	63
Négocier pour éviter le passage en force	64
Ne leur faites pas avaler de la farine	65
Comment avoir une classe facile à gérer	66
Tirer profit de la dynamique de groupe	67
L'hétérogénéité, c'est une chance ?	68
La pédagogie du sourcil	69
Expliciter rétablit l'égalité des chances	70
Madame, votre enfant est électrique !	71
Donner plus de choix aux élèves	72
Comment devenir plus efficace	73
Ne te discrédite pas toi-même	74
La tentation de la moralisation	75
Ecrire sinon rien !	76
Comment susciter de l'engagement	77
Comment fixer un bon objectif ?	78
Que penses-tu être en train de faire ?	79
Éduquer à la communicaton non-violente	80
Faute avouée est 100% pardonnée	81
Ramener à des procédures connues	82
Prendre en compte les émotions à l'école	84
Comment développer la confiance en soi	86
Les bienfaits insoupçonnés d'un système	88

CONCLUSION

Recette pour une bonne gestion de classe	91
Epilogue	93

To my friends
Gary, Bill and Glenn

PROLOGUE
Ce qu'on ne lui a jamais dit

Solène, l'enseignante stagiaire m'accueille. Elle exerce dans une petite école de campagne en CM1. La salle de classe est spacieuse, les tables sont bien rangées, les élèves esquissent des sourires et semblent un peu intimidés. L'observation de séance commence. Ah oui, précisons que j'étais l'inspecteur chargé de la visite de titularisation de cette stagiaire.

L'enseignante manifeste une certaine nervosité, mais après une quinzaine de minutes, elle devient plus à l'aise. En contraste, le comportement des élèves se détériore. La gestion de classe laisse nettement à désirer. Nous sommes en avril. Solène effectue un service à plein temps depuis la rentrée de septembre. Globalement, le déroulement de séance montre de réelles insuffisances : les élèves ne sont pas centrés sur l'activité, l'enseignante parle fort, à quelques élèves seulement, pendant que les autres ricanent ou se balancent sur leur chaise ; quelques-uns se lancent des boulettes de papier. Les apprentissages frisent le zéro.

Au cours de l'entretien, je pointe la très mauvaise ambiance de classe. Je lui demande ce qu'elle en pense. Elle me répond qu'elle a reçu des visites de tuteurs à plusieurs reprises et que personne ne lui a jamais fait cette remarque. Elle se dit même très étonnée, car elle a également effectué des remplacements antérieurement dans le privé et personne ne lui a jamais fait la moindre observation sur sa gestion de classe.

Je lui fais remarquer qu'elle a tout simplement réussi à passer entre les mailles du filet. Que ses tuteurs auraient été bien inspirés de pointer cette lacune chez elle. Elle n'en serait pas là aujourd'hui. Ils ne lui ont pas rendu service. Je lui dis : «*Madame, on ne vous l'a jamais dit, ça tombe aujourd'hui. Hélas pour vous, votre gestion de classe est incompatible avec l'objectif que vous poursuivez. Je sais que c'est un coup dur pour vous. Je ne donnerai pas mon aval pour votre titularisation.*»

LES NIVEAUX DE CLASSE, EN FRANCE, EN 2019

MARTERNELLE	ÉLÉMENTAIRE	
Cycle I	Cycle II	Cycle III
PS : 3 ans	CP : 6 ans	CM1 : 9 ans
MS : 4 ans	CE1 : 7 ans	CM2 : 10 ans
GS : 5 ans	CE2 : 8 ans	6è (collège)

PRÉFACE

Enfin un livre pratique, concret et clairement présenté ! Un livre suggérant des astuces concrètes afin de dénouer certains aspects épineux rencontrés dans le milieu de l'enseignement primaire. C'est en exposant sa propre expérience d'enseignant, de directeur puis d'inspecteur que l'auteur décrit des situations spécifiques pour ensuite proposer des alternatives concrètes. Contrairement aux hautes instances de l'éducation, qui préfèrent trop souvent théoriser en dédaignant les écrits liés directement à la réalité vécue en classe, on nous offre ici des liens théoriques et pragmatiques afin de faire face à la réalité actuelle de ce milieu. Humblement, l'auteur expose certaines de ses erreurs commises en cours de route auxquelles il ajoute d'autres lacunes observées sur son parcours. Plus important encore, il propose pour chaque situation, soit des recadrages, soit des interventions spécifiques ou encore des pistes de solution.

Compagnons de doctorat en éducation, Serge et moi avons souvent discuté sur les théories liées à l'enseignement. Ces échanges mettaient constamment en évidence son intelligence et son immense talent à s'approprier les principes exposés par les grands auteurs de l'éducation. De plus, c'est avec une aisance désarmante qu'il établissait des liens concrets entre ces aspects théoriques et la réalité vécue quotidiennement en tant qu'enseignant au primaire. Prenant conscience de l'absence de recueil regroupant des exemples réels à des solutions concrètes, c'est avec passion qu'il a finalement accepté de colliger ses réflexions dans un livre accessible à tous.

Khalil Gibran (1923) disait que le travail fait avec amour devenait comme *les soupirs de vos heures qui se métamorphosent en mélodie*. Quelle enrichissante mélodie a su composer Serge en collectant sans cesse des astuces permettant une adaptation constante de son enseignement ! Bien sûr, cette adaptation avait pour but premier de faciliter l'apprentissage des jeunes, mais encore davantage, celui de favoriser le plaisir d'apprendre

Puisse cet ouvrage éclairer ces enseignantes et ces enseignants qui œuvrent patiemment auprès de nos enfants, mais également aux parents qui sont si bien placés pour les amener plus loin encore.

Sylvie Harvey, Ph. D.
Docteure en éducation
Québec, Canada

Les noms et prénoms,
ainsi que certains lieux, ont été modifiés
afin de préserver la vie privée des personnes.

INTRODUCTION

Les pages qui suivent témoignent de quarante ans d'expérience en tant qu'inspecteur, enseignant, professeur, formateur.

Plusieurs éléments de ce livre ont fait l'objet d'un cours que j'ai donné à des étudiants de l'université de Montpellier inscrits en Sciences de l'éducation en 2019.

En 1973, j'enseignais en école primaire au Québec. Par la suite, j'ai enseigné en France durant plus de vingt ans. Deux passions sont condensées dans ce livre : enseigner à des élèves en école primaire, donner des formations à des enseignants.

L'approche pédagogique exprimée au fil des pages s'ancre dans une expérience concrète d'enseignant et de formateur d'enseignants. J'ai exercé le métier d'inspecteur de l'Education nationale dans le premier degré durant 9 ans, en fin de carrière, et cela m'a permis d'affiner une conception de l'enseignement où l'enfant est la raison même de notre mission. J'ai pris au mot l'expression *placer l'enfant au centre des apprentissages*. Je remercie les centaines d'enseignants et d'enseignantes que j'ai eu le privilège d'observer en exercice et d'accompagner sur le terrain ; ils m'ont énormément appris. Je leur dois beaucoup.

Ce sont donc ces regards croisés que je souhaite partager, espérant faire oeuvre utile. Je dédie cet opuscule aux enseignants et enseignantes qui débutent et qui sont disposés à entendre quelques témoignages. Je ne donne pas de leçons ; je partage, en toute simplicité, une expérience, sans prétention. A chacun d'en tirer un enseignement s'il le souhaite.

Finalement, si mon propre parcours peut accélérer l'expérience de quelques personnes, j'en tirerai une grande satisfaction. Mon ambition, c'est que le maximum de chances soit donné aux élèves. Si un seul enfant devait profiter de mes écrits... *le soupir de mes heures se transfomerait en véritable mélodie.*

Serge FILION
Ce 4 juin 2019
Montpellier, France

Mieux vaut impliquer qu'expliquer

> *Expliquer peut être toxique.*

Au cours des centaines d'inspections que j'ai réalisées, j'ai pu observer des centaines d'enseignants et d'enseignantes dispenser des centaines d'explications à des milliers d'enfants... qui s'ennuyaient assez souvent. En réalité, il y a un gros problème avec les explications : elles sont conceptuelles et rarement sollicitées.

Les explications sont généralement abstraites et rationnelles. Quel ennui ! L'univers de l'enfant, c'est le tactile, le concret, les cailloux, les vélos, les ballons. D'autre part, les explications sont rarement souhaitées, sauf dans trois cas : lors d'un achat, lorsqu'on est perdu, lorsqu'on soupçonne une tromperie.

En d'autres termes, on ne devrait jamais fournir d'explications à des élèves au seul motif qu'il y a des enseignements à couvrir. L'enfant n'a rien demandé, il n'a pas de réel problème. Le programme à mettre en oeuvre, c'est le problème de l'enseignant pas celui de l'élève. L'enseignant doit donc s'ingénier à transposer son problème à l'élève ; en clair, l'enjeu n'est pas l'explication, mais l'implication.

Etymologiquement, expliquer signifie *plier dehors* ; impliquer signifie *replier dedans*. C'est exactement ce que doit faire un enseignant. Le signe d'une bonne implication, c'est lorsque les élèves disent : «Nous sommes *emballés !*»

Les élèves ont d'énormes envies d'être impliqués dans leurs apprentissages ; à défaut, ils peuvent perturber les séances. Le bon enseignant cherchera donc par tous les moyens à enrôler les enfants dans ses activités. On parle d'*empowerment*, c-à-d partage de pouvoir avec les enfants. Un moyen simple d'enrôler les élèves ou de leur donner du pouvoir, c'est de leur proposer des choix. Les élèves aiment faire des choix et, comme le dit Freinet[1] : «*Chacun aime choisir son travail, même si ce choix n'est pas avantageux.*» Choisir, c'est *emballant*.

---

[1] Freinet, C. (1964). Invariant pédagogique N° 7

Arrêtons de demander : avez-vous compris ?

> *Et si la compréhension n'était pas le plus important !*

C'était un lundi matin, les élèves somnolaient encore un peu. Une petite pluie tombait sur les fenêtres. J'expliquais, j'expliquais. En bon maître, je m'assurais que mes élèves avaient compris. A un moment, Antoine, un élève très vif, réagit : «*Mais bien sûr qu'on a compris !*» Ce fut un choc ! Je réalisais que, depuis des années, j'humiliais des élèves en leur demandant : «*Comprenez-vous ?*» Quelle horreur ! J'espère qu'ils me pardonnent.

Durant des années, j'ai demandé à des êtres humains s'ils comprenaient, mettant ainsi en cause leur intelligence. Bien entendu que les enfants comprennent ce qu'on leur dit, ils ne sont pas idiots ! Antoine a bien raison. En revanche, il est fort possible qu'ils n'aient pas du tout envie de s'approprier un contenu pédagogique présenté par leur enseignant un jour «J».

A partir de cet instant, j'ai arrêté de leur demander s'ils avaient compris. A la place, je leur disais : «*Qui décide de s'approprier ce que je viens de présenter ?*» Par cette question, je mettais les élèves en face de leurs responsabilités. Soit l'élève décide de s'approprier le contenu de la leçon et, du coup, il fait l'effort adéquat ; soit il reporte la décision et, auquel cas, il n'a pas à supporter l'insidieuse question de la compréhension. Je crois qu'il est professionnellement beaucoup plus respectueux de considérer les enfants comme aptes à tout comprendre, mais pas forcément désireux de s'engager dans un apprentissage précis à un temps «T».

Au fil des semaines qui ont suivi ce changement radical, j'ai réalisé qu'il y avait une multitude d'éléments que nous comprenons tous, dans la vie, mais que nous décidons de ne pas nous approprier. Je comprends, par exemple, que fumer nuit à la santé, mais je continue pour l'instant. La seule compréhension ne conduit pas directement à l'implication. Nombre d'enseignants estiment, à tort, que l'option est binaire : l'enfant comprend ou ne comprend pas.

Il y a des alternatives à la question *Comprenez-vous* ? On peut demander aux enfants : «*Qui a envie de cela ? Qui estime cela utile maintenant ? Qui décide de s'approprier cette leçon ? Qui fait le choix de... ?*» Ce qui est en jeu ici, c'est que tout enseignant doit réaliser que, même s'il n'offre pas la possibilité aux enfants d'effectuer des choix, les élèves vont néanmoins n'en faire qu'à leur tête.

En effet, ceux-ci décideront bien de ce qu'ils ont envie de faire des contenus présentés. Cette approche a pour intérêt de clarifier la situation en prenant en compte la personne. J'ai pu constater qu'un plus grand respect des élèves amenait un plus grand engagement. L'empowerment, l'enrôlement dans l'activité, n'est-ce pas ce que souhaite tout enseignant ?

Un enfant intelligent est bien plus malin qu'un ordinateur. La preuve ? L'élève n'enregistre pas un élément si cela est sans intérêt pour lui. En fait, il faut donner du sens aux apprentissages pour ouvrir le diaphragme de la réceptivité. Ce n'est pas en rabâchant que l'on va inciter les enfants à écouter davantage. L'attitude de non écoute de la part d'un enfant signifie très souvent *Mon intelligence me dicte de ne pas enregistrer cette information dont je n'ai pas besoin maintenant.* Fourez[1] le dit : «*Il ne faut pas chercher à convaincre les enfants*». Et comme le rappelle Britt-Mari Barth[2], un élève se pose toujours la question de savoir si un savoir enseigné en vaut la peine. Chaque enfant se demande bien ce qu'il peut faire d'un savoir nouveau.

En conclusion, plutôt que de mettre en doute en permanence les capacités des élèves en leur demandant s'ils ont compris, on peut les responsabiliser. Certains élèves tardent parfois à s'engager ; il faut les accompagner et se souvenir que tout n'est pas affaire de compréhension. Un élève qui décide de s'approprier un contenu devient autonome, engagé, résolu. C'est lui qui vient demander de l'aide et non plus le maître qui doit insister pour être écouté. Les explications sont les bienvenues lorsqu'elles sont réclamées ; elles le seront si elles répondent à un besoin réel ressenti par les élèves.

---

[1] Fourez, G. (2004). Apprivoiser l'épistémologie, De Boeck, p 132.
[2] Casalonga, S. (2012). *Le monde de l'intelligence*, N° 23 - février/mars 2012 - p. 9-13

Savoir communiquer avec les parents

> *Les parents n'attendent qu'une chose, sauriez-vous dire laquelle ?*

Quelle ne fut pas ma surprise d'avoir été félicité inopinément lors d'un conseil d'école par un parent qui estimait que ma méthode était vraiment bien. A cette époque, je notais des commentaires positifs, toutes les semaines, dans les cahiers des élèves ; ceci parce que je n'avais pas vraiment le temps de corriger dans le détail les cahiers de chaque enfant, au vu des énormes difficultés que j'avais à gérer, notamment au niveau du climat de classe. J'avais donc décidé de faire au plus court avec mes CE1 et de m'adresser directement aux parents en mettant dans le cahier, chaque semaine, des commentaires du style : «*Kevin est motivé en mathématiques*» ou encore, «*Encourager Dylan à écrire sur la ligne de base*», etc. Je fus donc très étonné de ces félicitations, car j'estimais ne pas faire complètement mon travail d'enseignant. Mais ces compliments m'ont fait comprendre que les parents ont besoin d'outils pour accompagner leur enfant et qu'inconsciemment je répondais à une attente forte à travers mes remarques écrites. Cela les satisfaisait davantage, en comparaison d'éventuelles successions de notes.

Fort de ce constat, avec des parents de ma classe, je me suis permis de conseiller ma collègue Amandine, enseignante en CM1. Elle était ennuyée d'avoir répondu en deux minutes, au portail, à un parent qui voulait lui faire des remarques sur le règlement de sa classe qu'elle avait si consciencieusement élaboré. «*Il faut éviter, lui dis-je, de confirmer la méfiance des parents à notre égard. Soyons ouverts et proposons-leur des rendez-vous où nous pourrons les écouter et présenter explicitement notre pédagogie.*» La fois suivante, Amandine a invité des parents à prendre un long moment pour discuter après la classe. Elle n'a plus traité les problèmes au portail de l'école.

Amandine a bien compris que les parents ne sont pas les adversaires des enseignants ; ils sont simplement sensibles à l'éducation de leur enfant. Elle a été explicite dans ses démarches pédagogiques ; c'est ce que ses parents attendaient.

Avez-vous repéré l'élève baromètre ?

> *Etre sensible aux élèves sensibles peut «sauver des vies».*

Pendant longtemps, des canaris ont été utilisés au fond des mines pour prévenir les mineurs de dangers imminents. Ils servaient d'alarme lorsque le monoxyde de carbone était en excès. Cela permettait aux ouvriers de prendre les bonnes dispositions. Il m'aura fallu plus de vingt ans d'enseignement pour comprendre que, dans chaque classe, il y a un petit canari.

Certains enfants sont capables de ressentir le *monoxyde de carbone* qui se répand dans l'atmosphère du climat de classe. Ils ressentent que leurs camarades sont énervés et risquent de commettre de petites bêtises ; ou bien ils expriment la fatigue ressentie par la plupart, etc. Un enseignant vigilant est capable de repérer le ou les quelques élèves émetteurs de ces signaux faibles. Lorsque j'étais jeune élève, ma maîtresse nous disait : «*Je sais qu'il va neiger ; je n'ai qu'à regarder comme vous êtes excités.*» Les animaux ressentent les évènements à venir... pourquoi pas les humains sensibles ?

En devenant conscient de ce phénomène, on peut repérer les élèves baromètres, c'est-à-dire ceux qui sont précurseurs et qui peuvent alerter sur des dangers imminents de débordements. Les élèves *canaris* sont des indicateurs précieux ; ils constituent une aide à la gestion de la classe. Grâce à eux, de nombreux excès peuvent être évités.

Ce qui distingue l'enseignant expérimenté du débutant, c'est justement son pouvoir d'anticipation. Une fois le débordement installé, même le bon enseignant est à la peine. Ce qu'il faut éviter à tout prix, c'est que l'agitation occupe tout l'espace.

Dans certaines situations, il sera judicieux de reporter l'activité peinture lorsque l'enseignant constate qu'il y a des risques de dérapages avec l'eau, la peinture, les pinceaux... Mieux vaut décaler une activité que d'avoir à régler des problèmes. Les canaris nous auront forcément prévenus.

COMME C'EST COMPLIQUÉ DE SE METTRE EN RANGS !

> *Voici un indicateur de bonne gestion de classe.*

Se mettre en rangs. Bien malin l'enfant qui est capable de se mettre en rangs tout seul. L'air de rien, ce concept est très complexe. Se mettre en rangs ? Imaginons que l'enseignant dise : «*Assis, debout, avancez...*» Dans chaque cas, l'élève est capable d'exécuter tout seul la consigne. Mais pour la demande : «*En rangs* !», l'enfant est incapable d'exécuter cette consigne tout seul; il s'agit d'un ordre faisant appel à une conscience collective. Or, l'enfant ne dispose même pas de la conscience individuelle... alors, la conscience collective, l'enseignant peut se permettre d'être patient. L'enfant est égocentrique par nature, c'est normal ; cela ne signifie pas qu'il est égoïste. Egocentrisme, c'est une tendance à juger en fonction de son propre point de vue ; égoïsme, c'est la propension à se servir en premier, au détriment des autres.

Comment un élève peut-il être responsable de ce que font ses camarades ? Combien de maîtres s'énervent lors de la mise en rangs de leurs élèves ! Pire, certains professeurs baissent les bras, ils abandonnent la partie. Dommage.

La solution consiste, d'une part, à ne pas démissionner ; l'enseignant doit chercher à rendre explicites ses consignes, mais surtout à les rendre réalisables, opérationnellement. Opérationnel signifiant compréhensible par l'élève sur le plan du comportement.

On aura compris qu'aucun être humain ne peut se mettre en rangs avec des camarades, spontanément ; cela relève d'un apprentissage et sans doute d'une approche ludique afin de ne pas dramatiser ni culpabiliser. Comme piste possible, un maître peut lancer un concours de vitesse : quels seront les premiers alignés en silence ? L'essentiel est de ne pas demander aux élèves d'exécuter une consigne par obéissance. Les élèves font de leur mieux, ils aiment jouer, relever des défis. Lançons des challenges, jouons... mais surtout, ne baissons pas les bras.

LA PENSÉE LATÉRALE POUR ALLER DROIT AU BUT

> *Le marin sait profiter d'un vent latéral pour avancer ; et nous ?*

Lors de la récréation, le petit Pierre, quatre ans, élève de maternelle, jette des cailloux en direction d'une grille située devant lui. Je lui dis : « *Il ne faut pas jeter de cailloux.* » L'enfant entend ce que je lui dis, mais il n'arrête pas pour autant. Quelques-uns de ses camarades me demandent : « *Pourquoi il jette des cailloux Pierre, il fait cela à toutes les récréations ?* » Je réponds aux enfants que Pierre est une personne ayant un registre particulier de communication (en fait il est autiste). Même lorsque le maître le lui demande, il n'arrête pas.

Lucas, un petit camarade, au style enjoué et réfléchi, intervient : « *Maître, si je lui demande, moi, il va s'arrêter.* » Surpris par l'assurance de Lucas, je lui réponds : « *D'accord.* » De ce pas, Lucas se dirige vers Pierre, le prend par le bras et le tire en disant simplement : «*Viens!*», l'entraînant vers un toboggan. Et voilà que Pierre le suit vers le jeu, s'arrêtant de lancer des cailloux.

Quelle leçon ! Lucas n'a pas demandé à Pierre de s'arrêter, il a dévié sur autre chose. Il lui a proposé d'aller quelque part. N'est-ce pas génial ? Nous, adultes, sommes tellement convaincus des atouts de la parole et des demandes formelles bien orientées que nous négligeons de nombreux autres aspects de la communication. Lucas savait ce qu'il faisait puisqu'il m'avait prévenu que Pierre s'arrêterait de lancer des cailloux. Lucas n'a pas embrouillé son message de paroles inutiles : «*Viens !*». Moi, je lui demandais de ne pas lancer de cailloux.

N'est-ce pas merveilleux ! Un enfant de 5 ans a surclassé un enseignant expérimenté. Ce qui m'a étonné, c'est le fait que le petit Lucas avait l'assurance qu'il obtiendrait ce résultat.

La conclusion ? Les adultes ont beaucoup d'idées reçues. Ils n'utilisent pas suffisamment la déviation. La pensée latérale permet de faire un pas de côté. Il devient évident que si Pierre fait du toboggan, il cessera de lancer des cailloux.

Les transitions, source de perturbation

> *Voici un investissement qui vaut la peine !*

En tant qu'inspecteur, j'ai pu constater que les meilleurs enseignants étaient ceux qui avaient une parfaite maîtrise des transitions. Ce n'est pas la sévérité qui fait la bonne gestion de classe.

En début de carrière, enseignant en école primaire, j'essayais d'être *naturel*. J'ai rapidement compris que l'enseignant efficace n'est pas un être spontané ; c'est celui qui a réfléchi à sa pratique, en toute modestie, et qui a su revenir sur ses erreurs.

Un des meilleurs conseils que j'ai reçus m'a été donné à l'université de Sherbrooke en formation des maîtres. Notre professeur nous disait : «*Lorsque c'est le bazar dans votre classe, ne vous remettez pas en cause inutilement ; interrogez-vous plutôt sur la manière dont vous avez organisé votre séance.*» C'est vraiment une approche d'une grande sagesse et surtout... pragmatique et très efficace.

Plutôt que de culpabiliser en se demandant : « *Ai-je choisi le bon métier ?*», il est bien plus utile, professionnellement, de se poser une autre question : « *Que pourrais-je changer dans mon organisation pour éviter que cette mauvaise séance ne se reproduise ?*» Enseigner à trente élèves, ce n'est pas naturel ; c'est un métier et, comme tout métier, les compétences s'acquièrent jour après jour sur le terrain. Inspecteur, j'ai souvent dit à mes enseignants : «*Nous travaillons sur de l'humain et comme l'humain est infiniment améliorable, notre métier est également infiniment améliorable.*» Jusqu'au dernier jour de sa carrière, on ne peut jamais être sûr de rien. Etre compétent, c'est assumer le fait qu'il y aura toujours de l'inattendu, des surprises, des incidents pédagogiques, de la dimension humaine.

Il est très rentable de s'interroger sur son organisation. Parmi les points sensibles de la gestion de classe il y a les transitions. Chaque enseignant a vraiment intérêt à les peaufiner : entre chaque activité, en fin de matinée, en début d'après-midi.

Les enfants sont souvent sous pression au cours d'une séance. Bien que ce ne soit pas systématique, il est normal que cette tension apparaisse ; notamment lorsque l'enseignant demande une attention soutenue à ses élèves. Dès lors, il ne faut pas s'étonner si, au moment de la transition : «*Rangez votre manuel de mathématiques et sortez votre cahier pour une dictée*», des enfants aient tendance à s'échapper. Inutile de s'énerver, c'est que la transition a été mal gérée.

Tout enseignant sait très bien qu'il devra, à un moment ou à un autre, créer une rupture pour changer d'activité. Dans ces situations, la technique est simple, il suffit d'accompagner le changement, de tenir la barre. Anticiper.

Les enseignants savent comment accompagner leurs élèves en dictée, en mathématiques, en histoire, etc. En revanche, ils décrochent souvent lors des transitions et laissent leurs élèves gérer eux-mêmes ces temps sensibles. Ils ont tort. Il faut accompagner l'enfant dans toutes les situations, y compris les transitions. Comment faire ? Voici la recette qu'appliquait Mathilde, une excellente enseignante dans la Drôme.

En fin d'activité, cette enseignante ne lâche pas ses élèves. Elle les retient et leur annonce ce qui va se passer. Elle anticipe. Elle pouvait leur dire, par exemple : «*Dans quelques secondes, je vais vous demander de vous lever et de vous mettre en rangs et de vous préparer à sortir. Est-ce que quelqu'un peut nous rappeler comment on procède ? Qui peut nous dire comment on doit faire pour éviter la bousculade, etc.*» Ensuite elle ajoutait : «*Maintenant, écoutez bien, je donne la consigne 'Sans bruit, pas à pas, vous vous dirigez vers la porte et vous vous mettez en rangs en silence. Allez-y.*»

Dans cette classe, on entendait le tic-tac de l'horloge. Les élèves étaient détendus. Lorsque toutes les transitions d'une journée sont gérées, c'est-à-dire modélisées, les élèves gagnent en calme et en rapidité. Le temps qu'il aura fallu au début d'année pour organiser les transitions est largement compensé par les gains au cours de l'année. En prime, une classe sereine se construit.

Une consigne, c'est une seule tâche

> *La mémoire de travail aime les petits nombres, pourquoi ?*

Je me souviens avoir inspecté en classe de CE1 à Castelnaudary. Les élèves avaient pour consigne de recopier trois additions dans leur cahier sans avoir à les calculer. L'objectif de l'enseignante était que l'enfant soit capable de copier fidèlement les chiffres et d'aligner correctement les unités et les dizaines. Les élèves devaient les poser en colonne, en les espaçant régulièrement sur la largeur d'une page. Résultat : quelques élèves ont mis un temps très long à réussir cette activité apparemment simple et la petite Léa a même fini son exercice en pleurant.

En y regardant de plus près, l'enseignante n'avait que de bonnes intentions. Elle ne voulait pas créer de surcharge cognitive chez ses élèves. Cette activité de mathématiques était apparemment très simple ; les élèves n'avaient même pas à réaliser l'opération. Où est le problème ? Cette tâche était, en réalité, composée d'un grand nombre de consignes implicites. La petite Léa n'éprouvait pas de difficulté particulière à écrire des chiffres. En revanche, dans la tâche demandée, elle devait simultanément : mettre en mémoire de travail une série de chiffres, les reproduire fidèlement, les aligner régulièrement, leur donner tous la même hauteur, calligraphier chacun des chiffres. Pour Léa, la tâche *reproduis les chiffres du tableau* aurait suffi.

En d'autres termes, là où certains élèves n'ont pas éprouvé de difficulté, Léa a ressenti une forte pression. Elle était submergée ; elle aurait peut-être trouvé plus facile de faire les seuls calculs en ayant tous les éléments sous les yeux, sans avoir à mobiliser sa mémoire de travail. En conclusion, la difficulté d'une tâche ne repose pas uniquement sur la tâche intellectuelle apparente ; il faut aussi considérer comme activité difficile tout problème incorporant plusieurs paramètres et notamment un traitement en mémoire de travail. Les questions que l'on pose aux enfants incluent parfois un grand nombre de sous-problèmes à résoudre. La mémoire de travail ne peut traiter qu'un tout petit nombre d'éléments à la fois.

Il faut agir avant de penser !

> *Quel conseil donner : penser avant d'agir ou agir avant de penser ?*

Louison, un petit blond très doué, m'a donné une belle leçon d'humilité ce vendredi matin. J'avais demandé à mes CM1 d'écrire quelques lignes de leur choix. A ma grande surprise, Louison vient me voir à mon bureau et me dit : «*Maître, je ne sais pas quoi écrire.*» Il y avait un climat de confiance, voire de complicité, entre nous. Je lui propose alors : «*Faisons un jeu, vas-y danse*». Aussitôt Louison se met à danser dans un style contemporain. Je lui dis : «*Tu vois, tu t'es lancé et tu as dansé ; ce n'est qu'après que tu as pu constater ta création. A l'écrit, c'est pareil ; tu dois d'abord décider d'écrire sans vouloir réaliser tout le texte dans ta tête. Pose des lignes, écris, puis tu verras bien ce que tu as produit.*»

Voilà que Louison repart tout joyeux à sa place... et il se met à écrire. En vrai, il n'y a pas eu de miracle, je crois simplement que Louison a su libérer une tension créatrice. Il faut conduire l'élève dans un cheminement tel qu'il ait confiance en lui et qu'il accepte parfois de se réaliser dans une action extérieure et non pas seulement dans une pensée intérieure.

Beaucoup d'enseignants ont une conception à sens unique des opérations intellectuelles ; ils n'osent pas croire que l'enseignement jouxte le paradoxe. Ils sont persuadés que la réflexion doit systématiquement précéder l'action. Une majorité croit, par exemple, qu'il faut savoir lire avant de savoir écrire. Dans le développement d'un enfant, le raisonnement se construit dans les deux sens. Quoi que l'on fasse, il se produit quelque chose, même si cela reste invisible à nos yeux. C'est parfois en tapant dans le ballon que l'on comprend comment placer son pied, c'est parfois en disant les choses que l'on prend conscience de ce que l'on pense. Bien sûr, on peut aussi réfléchir à ce que l'on veut dire. Les apprentissages ne se font pas tous à sens unique. Comme Louison, adoptons un esprit de souplesse.

Quel conseil donner : agir avant ou penser avant. Les deux !

Evitez le bazar, apprenez-leur à observer

> *Mais en quoi l'observation peut-elle favoriser la gestion de classe ?*

En tout début de carrière d'enseignant, je me souviens avoir emmené mes élèves visiter un monument médiéval au centre de la commune de Charolles. Je leur recommandais instamment d'observer, d'ouvrir grand leurs yeux et de prendre des notes. A cette époque, je croyais qu'il suffisait de dire : «*Observez, observez !*» pour que les élèves reviennent avec une grande quantité d'informations pertinentes. Quelle erreur ! Mes élèves allaient dans tous les sens, le bazar. «*Allez, on rentre !*»

Il ne sert à rien de dire aux élèves : «*Pensez, pensez !*» L'enseignant doit rendre opérationnelles les tâches confiées aux enfants. Bachelard[1] le dit très bien : «*Pour un esprit scientifique, toute connaissance est une réponse à une question. S'il n'y a pas de question, il ne peut y avoir de connaissance scientifique. Rien ne va de soi. Rien n'est donné. Tout est construit.*»

Bachelard est bon pédagogue. Les élèves apprécient une grille d'analyse pour l'accomplissement de leurs tâches. Par exemple, un document leur permettant de cocher les matériaux utilisés, la forme des fenêtres, le type de sculptures, etc. Ce faisant, ils peuvent diriger leur attention sur des catégories conceptuelles. Les élèves sont incapables de focaliser leur attention volontaire sans cadre de référence. Avec une simple grille, ils deviennent chercheurs. Et comment devient-on chercheur ? En s'engageant dans une démarche d'investigation et cela passe par un accompagnement, autrement dit, par des outils concrets.

«*La philosophie contemporaine des sciences a mis en évidence l'impossibilité d'une observation brute ou pure, non pénétrée d'interprétation*».[2] Ce sont justement les outils fournis par l'enseignant qui permettront cette interprétation. Le *savoir observer* se construit dans tous les domaines enseignés à l'école. S'investir dans l'observation, c'est s'impliquer. Et des élèves engagés dans leur tâche contribuent au bon climat de la classe.

---

[1] Bachelard G. (1957). La formation de l'esprit scientifique, p14
[2] Clément, E. et al. (2007). Philosophie, la philosophie de A à Z, Paris : éd. Hatier, p320

Tu aimerais que je te fasse pareil ?

> *Donner un exemple, c'est inviter à imiter.*

A l'époque, j'enseignais en Saône-et-Loire. Quelle ne fut pas ma surprise de voir le directeur de l'école gronder Julien, un élève habituellement turbulent, qui venait de tirer les cheveux d'un de ses camarades. «*Julien, est-ce que tu aimerais que je te fasse pareil ?*», lui dit le directeur.

Mon fils, Guillaume, a été moniteur dans un camp de vacances dans le Rhône. C'est lui qui m'a fait prendre conscience de l'ineptie du *faire pareil*. Il est totalement incohérent de proposer à un enfant de lui faire subir ce qui est explicitement interdit. Lorsqu'une chose est proscrite, ça ne se fait pas, point ! Et ceci est valable pour tout le monde. Comment gère-t-on ce type d'incident ? On dit à l'enfant qu'il a commis une erreur et que le règlement de vie commune désavoue ce genre de comportement. Il est tout à fait insensé de vouloir, pour des motifs pédagogiques, faire subir à un enfant la chose qu'il ne faut faire subir à personne. On est en plein paradoxe moral.

En fait, que cache cette idée de *vouloir faire pareil* ? L'enseignant suppose que si l'élève expérimente une douleur, il n'aura pas envie de la faire subir aux autres. Cette supposition n'est pas corroborée par les faits, pour une bonne raison : l'enfant est égocentré, il ne parvient que difficilement à se mettre à la place de l'autre ; de plus, c'est une faute professionnelle au plan de la déontologie. De nombreux enfants battus, devenus adultes, battent eux-mêmes leurs enfants. L'argument de faire subir pour éradiquer est vain. Mais qu'est-ce qui peut amener un enseignant à utiliser un argument aussi clairement inefficace ? On peut penser que cet enseignant confond l'exemple avec un principe d'apprentissage lié à l'expérience concrète : j'intègre plus facilement une notion si je l'aborde de manière sensorielle. Ceci est tout à fait défendable pour une activité pédagogique, mais pas pour un sujet de morale.

Au plan moral, on ne peut pas donner de contre-exemple.

Thierry, tu as vu le dégât que tu as causé ?

> *Comment passer d'un dégât de peinture à un dégât psychologique.*

J'ai été très touché par cette mésaventure vécue par Thierry, un ami, lorsqu'il était à l'école primaire. Thierry est une personne brillante et sensible. Il m'a raconté qu'un lundi matin, il entre dans la classe ; sans faire exprès, il renverse un pot de peinture et salit son pantalon ; il est très ennuyé d'avoir taché ses vêtements. Voyant le désastre, l'enseignant entre dans une grande colère, car il a vu Thierry renverser la peinture. Thierry est confus et très intimidé par l'état explosif de son maître.

« Tu as renversé les pots de peinture, il y a de la peinture partout ! » Le maître crie, l'élève fait signe que non, l'enseignant le traite de menteur et la situation prend un tour dramatique. Cette anecdote, que m'a racontée Thierry, devenu adulte, met en lumière deux plans qui se télescopent.

Le maître a vu de ses yeux l'élève renverser le pot ; la cause est entendue ; selon le point de vue de l'enseignant, l'enfant a fait exprès. De son côté, Thierry refuse l'accusation, car son erreur n'était absolument pas intentionnelle. Cet écart de jugement entre l'enfant et l'adulte crée de nombreux malentendus ; ces deux plans sont source de conflits récurrents.

En tant qu'enseignant, il m'est arrivé souvent de voir un enfant bousculer un petit camarade dans les rangs ; lorsque je demandais au fautif pourquoi il avait heurté cet autre élève, il arrivait qu'il me réponde : *« Maître, je n'ai rien fait. »* Il m'a fallu plusieurs années pour accepter le fait que l'enfant n'est pas toujours conscient de ses actes et que, de ce fait, il ne peut en assumer les conséquences. Il faut construire cette conscience. La sophrologie par exemple permet de conscientiser ses muscles, ses articulations, etc. La conscience n'est pas innée.

Pour en revenir à Thierry, celui-ci était dans son bon droit, il n'avait pas d'intentionnalité ; de son côté, le maître, de bonne foi, a commis une triste erreur d'appréciation. Il aurait été bien inspiré de suspendre son jugement et d'essayer de comprendre.

Attention a la première question

> *Il existe un secret pour éveiller le désir d'apprendre...*

Il m'aura fallu des années pour comprendre quelque chose d'extrêmement simple : la première question d'une évaluation doit être facile à réussir. L'élève est sensible et a besoin d'être mis en confiance ; inutile de le stresser avec une première question difficile. Sans compter que cela ne coûte rien.

La réussite est corrélée à la motivation. Viau[1], un chercheur québécois, souligne le rôle de la réussite sur la motivation. Vygotski le dit sous une autre forme lorsqu'il affirme que tout apprentissage ne peut se réaliser qu'en zone proximale de développement (zpd). En zone proximale, l'enfant réussit toujours, car il est accompagné. En clair, le bon enseignant s'assure constamment que ses élèves sont en position de réussite. Est-ce à dire que les élèves ne ratent jamais aucun exercice ? Non, mais en revanche, il n'y a jamais de sanction négative lors d'un apprentissage. Un enfant a le droit de faire tomber la barre du saut en hauteur lorsqu'il s'exerce, cela n'a rien de négatif ; la barre n'est qu'un instrument de mesure.

De manière générale, les élèves apprécient de disposer d'outils leur permettant de réussir : par exemple, pour rédiger une poésie, l'enseignant pourra donner le début des phrases ou bien fournir en vrac des vers de différents auteurs ou encore donner une structure répétitive facile à reproduire.

Dans *Psychothérapie*, Von Franz[2] rappelle que «*les enfants, comme les adultes, ont tendance à faire plus souvent ce qu'ils font bien et à éviter ce qu'ils réussissent moins bien.*» Dès lors, ne nous étonnons pas si certains élèves décrochent ; ils veulent très sagement éviter ce qu'ils réussissent moins bien, c'est-à-dire l'école. Les enfants aiment se confronter à des réussites, cela les encourage à poursuivre. L'enfant qui réussit en mathématiques aime les mathématiques. Le désir d'apprendre, d'aller plus loin, prend racine dans les réussites de l'élève.

---
[1] Viau, R. (2004). La motivation : condition au plaisir d'apprendre
[2] Von Franz M.L. (2001). Psychothérapie

Peut-on écrire ce que l'on pense ?

> *La poule vient de l'oeuf qui vient de la poule qui vient de l'oeuf...*

D'après Vygotski[1], notre langage intérieur est compressé, synthétique, chargé d'implicites ; on se comprend soi-même, mais même extériorisée notre pensée resterait incompréhensible pour autrui. La seule action possible, c'est d'écrire des textes qui sont en cohérence avec ce que l'on pense.

On ne peut pas écrire ce que l'on pense, pas plus que l'on ne peut danser ce que l'on pense. Chaque production est complète par elle-même : on parle, on écrit, on danse. Tout est cohérent, mais il n'y a pas de couloir direct et transparent qui permet de passer d'un mode d'expression à l'autre. On parle, certes ; on danse, certes ; on écrit, certes. Mais ce ne sont que des cousins.

Prenons un exemple. Imaginons qu'un enseignant demande à un élève de 8 ans de proposer une addition. On peut imaginer que celui-ci puisse dire : 12 + 6 = 18. Maintenant peut-on dire que l'enfant *pensait* vraiment cette addition ? Il a su faire. C'est comme un geste. Or la pensée conceptuelle est forcément un acte plus complexe : «*Décomposer et réunir constituent dans une égale mesure les moments internes nécessaires à la construction du concept.*»[2] On peut mettre en doute le fait que l'enfant ait vraiment conceptualisé son addition.

Les enseignants risquent la déception lorsqu'ils demandent à leurs élèves d'écrire ce qu'ils pensent. En revanche, ils peuvent les inciter à poser par écrit, comme en danse, des suites cohérentes auxquelles ils ont été entraînés. Lorsqu'elle est écrite, la phrase rétroagit sur la pensée ; il y a des impacts réciproques, mais pas de calques de l'une sur l'autre.

En conclusion, la pensée restera toujours une pensée ; l'écrit restera toujours une production. Plutôt que d'écrire ce que l'on pense, pensons plutôt à écrire. L'écrit se forge par une pratique quotidienne. C'est en forgeant que l'on devient forgeron.

---

[1] Vygotski, L. (1997). Pensée et langage, p252
[2] Ibidem

TELLEMENT AGITÉS, ON A DÛ COUPER L'EAU !

> *Quand se taire peut aider à mieux gérer sa classe.*

J'effectue un remplacement, en école maternelle, dans un petit village du Charollais. Dans la classe, des jumeaux causent de tels soucis aux enseignants que le directeur préfère couper l'eau au compteur. Les deux enfants ont pour habitude d'échapper à la vigilance et d'ouvrir tous les robinets à leur portée. Les enseignants de l'école les disent incontrôlables.

Imaginez mon angoisse, étant remplaçant, lorsque je leur demande de se mettre en rangs pour sortir en récréation. Mes remontrances restent sans effets. Je n'y arrive pas avec des paroles. Je me sers alors de mon harmonica, comme le faisait le joueur de flûte de Hamelin. Résultat immédiat : tous les enfants sortent pas à pas, au rythme calme de la musique ; tous avancent bien sagement au son de mélodies enjouées.

L'enfant imite. On parle fort, il parle fort ; on crie, il crie. Mes remontrances donnaient une prise aux jumeaux ; ils m'imitaient : eux aussi voulaient commander. En jouant de l'harmonica, je déviais leur attention sur autre chose que des paroles. Les maux venaient des mots : toute consigne verbale a pour effet de s'appuyer sur un arrière-plan opposé. Donner un ordre, c'est forcément suggérer l'inverse. Lorsqu'on dit : «*Ne fumez pas*», cela fait imaginer une cigarette. Même lorsqu'un ordre est positif, il est conceptualisé sur un arrière-plan inversé. Comme les enseignants ont souvent recours aux ordres, il est essentiel qu'ils développent la conscience qu'ils induisent implicitement une partie de ce qu'ils veulent éviter.

En jouant de la musique, on positionne son autorité sur un autre plan. La musique, ou tout autre élément symbolique non langagier, a pour avantage de ne pas suggérer d'opposé directement accessible. Un comportement n'a pas de contraire. Ainsi, la coupure d'une lumière ou le tintement d'un diapason peuvent fort bien signifier *discussion moins bruyante svp*. Et surtout, pas de complexe ; les enfants acceptent tout à fait les *fausses notes*. Ils sont indulgents avec les grandes personnes.

JE VOUS ORDONNE DE M'ÉCOUTER !

Quand le comportement perturbé d'un élève peut aider l'enseignant.

Lorsque j'enseignais en CE1, j'avais un élève très brillant qui avait de grandes difficultés à maîtriser son caractère. Mathias bougeait en permanence et il me fallait une énergie folle pour rester calme et le convaincre de se poser. Avec cette classe, je faisais de la danse contemporaine, c'est-à-dire des chorégraphies improvisées sur différentes musiques. Un mardi matin, me dirigeant avec la classe vers la salle de motricité, je vois Mathias qui gesticulait encore une fois ; il se *secouait vigoureusement les mains vers le sol*. Cela me donne une idée.

En arrivant à la salle, je dis aux élèves que la chorégraphie du jour avait pour thème de décrocher des étoiles. Je leur demande alors d'attraper des étoiles avec leurs deux mains, puis de les déposer sur terre en *secouant vigoureusement leurs mains vers le sol*.

Je m'inscrivais ainsi fidèlement dans un geste naturel que Mathias venait de produire. Je fus vraiment épaté par leurs productions chorégraphiques ; tous jouèrent le jeu... y compris Mathias. Cela me servit de leçon.

A partir de cet épisode, je fus beaucoup plus attentif au comportement de mes élèves. Il y a des jours où les enfants veulent bouger, d'autres où ils recherchent du cocooning, d'autres où ils ont envie de créer, etc. L'intérêt d'enseigner en école primaire, c'est que l'on peut s'adapter aux situations ; on peut assez facilement moduler ses exigences. Certes, il n'est pas question d'improviser en permanence, mais il y a de la place pour adapter sa pédagogie en fonction des comportements.

Le Petit Prince[1] dit : «*Si j'ordonnais à un général de voler d'une fleur à l'autre à la façon d'un papillon [...] et si le général n'exécutait pas l'ordre reçu, qui, de lui ou de moi, serait dans son tort ?*» Le Petit Prince suggère de prendre en compte les réalités humaines ; un comportement humain est une réalité.

---
[1] Saint-Exupéry, A. (2007). Le petit Prince. Gallimard.

Et si on faisait le contraire !

> *Thèse, antithèse, synthèse : des élèves de 7 ans l'ont compris.*

Précédemment, j'ai mentionné que je faisais régulièrement de la danse contemporaine avec mes CE1. Le problème, c'est que cette classe était très agitée et je peinais beaucoup en arrivant dans la salle de motricité, car plusieurs élèves couraient dans tous les sens. Je ne parvenais pas à leur faire comprendre comment entrer calmement en ce lieu. Bill, un bon ami, m'a aidé.

Il m'a suggéré Watzlawick[1], le grand spécialiste des thérapies paradoxales. Je décide de prendre appui sur cet auteur pour résoudre mon problème. Voici comment j'ai procédé. Arrivé dans la salle, je demande aux élèves : «*Maintenant que nous sommes assis bien calmement, je vous félicite. Je vous propose un jeu : est-ce que quelqu'un pourrait nous montrer comment il ne faut pas rentrer dans la salle de motricité ?*» Bien entendu, plusieurs mains se lèvent et je choisis quatre enfants parmi les plus turbulents. Ces élèves sortent de la salle et, à mon signal, entrent en faisant les clowns, courant, se roulant par terre. Je leur demande de s'asseoir. Les quatre élèves étaient tout heureux d'avoir montré à leurs camarades leurs qualités de pitres. Je fais alors ce commentaire délibérément désobligeant : «*Bof ! Ce n'est pas très bon ! J'aurais pensé que vous auriez été meilleurs. Est-ce que quatre autres pourraient vraiment nous montrer comment ne pas faire ?*» Là, il fallait lire dans le regard des quatre premiers. Ils n'avaient même pas réussi à impressionner leur maître ! Les quatre suivants essaient de faire pire que les premiers. Pour conclure ce petit jeu paradoxal, je demande alors à quatre derniers élèves de nous montrer maintenant comment il convient de rentrer dans la salle. Quatre petits anges entrent silencieusement sur la pointe des pieds. Ceci aida grandement à améliorer les entrées en salle de motricité.

Mon ami Bill m'a fait comprendre que le contraste favorise la mise en évidence. En toute chose, il y a aussi ce qui n'est pas.

---

[1] Watzlawick, P. (1988). Invention de la réalité, Seuil

Prendre l'enfant à son propre piège

> *Tant que sa stratégie fonctionne, l'élève la conserve.*

Vers la fin de ma carrière, j'avais dans ma classe un petit enfant-roi : Glenn. Cet enfant adorait le sport et n'en faisait qu'à sa tête. Je m'épuisais littéralement à lui répéter cinq fois les consignes comme s'il avait un cerveau imperméable à toute obéissance. Un beau jour, je l'ai pris à son propre piège.

Je l'appelle à mon bureau et je lui dis : *«Glenn, finalement c'est toi qui as raison. Je crois que c'est une bonne idée de me faire répéter cinq fois les consignes. Je trouve cela tellement génial que, dorénavant, je vais tout répéter cinq fois avant que tu ne fasses quoi que ce soit. Par exemple, lorsque je dirai 'récréation' ou bien 'sortons faire du sport', tu devras continuer et attendre que je répète encore quatre fois avant de sortir. Est-ce que cela te convient, est-ce que tu es d'accord avec moi ?»*

Chacun aura compris que Glenn était très rusé. Il a vite réalisé où je voulais en venir. Notre conversation a été vraiment riche et notre *négociation* a conduit Glenn à revoir sa position à l'égard de mes consignes. Lorsqu'il avait tendance à l'oublier, je lui rappelais que j'allais appliquer ma technique pour les récréations... et il revenait rapidement à de bonnes dispositions. Il est devenu conscient de ses actes et de ses limites stratégiques. Il poursuivait un but erroné ; il s'est corrigé.

Beaucoup d'enseignants débutants croient qu'il faut marquer sévèrement son territoire en début d'année. On peut en douter. Certes, on peut punir, pousser à se refermer, mais on n'obtient rien par la force. Poser les marques de son autorité, oui, mais en évitant l'autoritarisme. Si un enfant agit dans un sens inadéquat, c'est qu'il s'est égaré en route. Le rétablissement passe par le dialogue, par une certaine fermeté, mais surtout par une négociation où l'on montre à l'enfant que l'on a compris sa stratégie et que celle-ci est inadéquate.

Glenn a modifié son comportement. Il a vu que sa stratégie le menait à une impasse. Petit à petit, il est devenu élève.

QUI A LANCÉ CETTE BOULETTE AU TABLEAU ?

> *Un défi n'est pas de la malveillance.*

Dans les années 1980, j'enseigne dans un collège très difficile de Lyon. Le principal, un homme d'une grande expérience, me dit : *«L'enseignant qui sait gérer cette classe de 4ème n'a rien à craindre d'aucune classe en Europe.»*

Gloops ! Ça tombe mal ! Je suis justement terrorisé. Je donne des cours de mathématiques dans cette classe. Nous sommes en septembre, l'année commence. Commence mal, je veux dire.

Bien sûr, il n'aura pas fallu longtemps pour que je me retrouve avec une boulette lancée au tableau alors que je suis en train d'écrire une quelconque formule mathématique... je me retourne, sans idée sur sa provenance et j'allais leur demander *«Qui a fait ça ?»*. Mais en voyant leur visage, j'ai tout de suite compris que j'étais dans un match qui allait déboucher sur une punition collective, sans intérêt et injuste. Tous attendaient de voir comment j'allais gérer la situation. En sueur, j'ai relevé le défi en improvisant au fur et à mesure.

Je regarde le sol pour éviter les regards, puis je me mets à narguer le coupable : *«Hum ! tu crois que je ne sais pas que c'est toi ! Je me demandais quand tu allais le faire ; tu crois vraiment que tu es le plus malin, etc.»* Tous les élèves écoutent, silencieux, les bras croisés. Pendant que je parle, j'observe de temps à autre, du coin de l'oeil, et je perçois dans quelle direction s'orientent certains regards ; les élèves ne pouvaient que lorgner du côté du coupable. Après cinq minutes d'allocution, j'avais repéré trois individus suspects. Je dis alors : *«C'est le temps de la récré. Affaire à suivre.»* Pendant qu'ils sortent de la classe, lentement, l'un derrière l'autre, je les fixe un à un et j'essaye de lire dans leur regard. Lorsqu'un des trois suspects passe devant moi, je relève un second indice : il m'a semblé rougir. C'est alors que je mets ma main sur son épaule. Il s'arrête, me regarde et me dit *«Comment vous avez su que c'était moi ?»*. Magnanime (et surtout libéré !), je lui réponds : *«Va !»*. J'ai relevé le défi ; j'ai gagné la partie... et leur respect par la suite.

Laura ne relit que ses dictées

> *Tout exercice ne devrait avoir qu'un but : lequel ?*

En 2007, j'enseignais au primaire dans une petite école de campagne ; je recevais les familles systématiquement. Au cours d'un entretien, je suis très étonné de la remarque d'un père. Devant moi, il reproche à sa fille Laura qui est en CM1 de ne jamais se relire. Laura corrige : «*Lorsque j'écris, je me relis, mais seulement pour les dictées !*»

Comme elle est remarquable cette Laura. Elle est parfaitement lucide. Elle a bien compris que, pour elle, l'investissement écrit n'est valable que dans les situations de dictées. J'en ai pris pour mon grade. Elle venait de mettre en lumière le fait que la plupart des situations d'écriture, dans sa vie scolaire, ne valaient pas qu'elle s'investisse ; à l'exception de la dictée sur laquelle pèse une pression sociale reconnue. En fait, l'enseignant que j'étais présumait que toutes les situations pédagogiques avaient un sens pour les élèves. Laura dénonçait clairement la situation : il y avait, à l'évidence, un manque de sens.

Fort heureusement, Laura était une élève très agréable ; un petit modèle à imiter. En revanche, d'autres enfants, moins mûrs dans leur métier d'élève, se sentent fragilisés voire déstabilisés par des activités pauvres en sens. Cela est source de perturbations. Ces élèves fragiles ne voient, dans les activités scolaires, que des exercices... c'est-à-dire quelque chose de répétitif et d'inutile. Donc, pas la peine de vraiment s'investir puisque ce n'est qu'un exercice ; ils attendent l'acte authentique... qui ne vient presque jamais. L'école exerce, oui, mais à quoi ?

Je remercie Laura pour la leçon. Elle m'a donné à comprendre que mes propositions d'activités scolaires devaient être réhaussées. Dans la vraie société des adultes, les réalisations écrites s'appellent livre, journal, revue. A l'école, la majorité des productions s'appellent : classeur, fiche, cahier. Grâce à Laura, j'ai pu orienter les activités des élèves pour qu'elles aient plus de sens ; du coup, moins d'*exercices* répétitifs. Un exercice n'est jamais la finalité. Il doit déboucher sur un élément désirable.

LE JEU, EST-CE VRAIMENT SÉRIEUX ?

> *Jouer au cowboy faciliterait donc l'apprentissage de la lecture...*

J'enseignais à des CM2, à Paray-le-Monial, lorsqu'une maman d'élève inquiète me pose cette question «*Monsieur Filion, bien sûr, notre enfant prend du plaisir dans votre classe, il apprend en s'amusant. Mais qu'en sera-t-il l'an prochain au collège ? Est-ce que vous le préparez vraiment au travail qui l'attend dans la suite de ses études ? Cela ne risque-t-il pas de poser problème pour l'intérêt porté au travail en général ? Vous savez, au collège, c'est sérieux.*»

Cette maman exprime un travers bien français : il faut faire sérieux. Pourtant, le jeu est pédagogique, voire plus, il est essentiel. Winnicot[1], grand thérapeute américain, disait qu'il ne pouvait pas guérir un patient qui ne savait pas jouer ; avant toute thérapie, il s'assurait que cette condition était remplie ; sinon il commençait par réapprendre au patient à jouer. Le jeu[2] est un condensé stratégique : il fait appel au second degré, il pousse à prendre des décisions, à respecter des règles ; on y a toujours sa chance grâce à l'incertitude et il est sans conséquence. Que demander de plus ?

Il n'y a pas de thérapie sans le jeu. Il n'y a pas davantage d'apprentissage scolaire sans le jeu. Vygotski rappelle que l'enfant qui dit : «*Cheval, cheval*» en chevauchant un bâton est en train de découvrir ce qu'est un symbole ; cet enfant comprend que l'on peut prendre une chose pour une autre. Demain, sa maîtresse lui enseignera que la lettre A est à prendre pour une autre chose, c'est-à-dire un son. Et voilà la lecture qui entre en jeu !

Le ludique ne crée pas des dégénérés de l'effort. Le déploiement des satellites s'inspire des pliages origamis. Au théâtre, on joue. Beethoven jouait... Les génies aiment s'amuser.

«*L'enfant est toujours plus grand au jeu qu'il n'est en réalité.*»[3]

---
[1] Winnicot (1975), Jeu et réalité
[2] Brougère, G. (1995). *Jeu et éducation*. Paris : L'Harmattan.
[3] Vygotski, L. 1997. Pensée et langage

Nos élèves ne sont-ils que des cerveaux ?

> *Pour que l'élève s'engage à l'école, la solution est étonnamment simple...*

Beaucoup d'enseignants considèrent qu'ils enseignent à des cerveaux. De temps en temps, ces mêmes cerveaux se révoltent et envoient leur corps créer du chahut dans la classe.

Wittgenstein[1], célébrissime philosophe du XXème siècle, nous dit que *c'est la personne toute entière qui pense*. Etonnant de constater que ce sont les philosophes qui doivent rappeler aux pédagogues que c'est à toute la personne que l'on enseigne.

Les bons enseignants considèrent l'enfant dans son intégralité. Ils accordent des pauses de quelques minutes à l'intérieur de leur séance, ils autorisent les enfants à se reposer sur leur bureau, à se lever, à s'étirer. Les bons enseignants font apprendre les tables de multiplications aux enfants en tapant dans les mains, en chantant, en dansant.

Beaucoup d'enseignants n'accordent pas aux *cerveaux* le droit d'aller aux toilettes, de se lever ou bien de choisir leur place en classe. Les cerveaux doivent demander tout plein d'autorisations. Curieusement, lorsqu'un cerveau se regimbe, l'enseignant estime qu'il faut punir tout le corps : «*Va au piquet, ne sors pas en récré, copie dix lignes*», etc. Le corps s'avère finalement fort utile pour les punitions. L'enfant turbulent pourrait peut-être réclamer une punition uniquement pour son cerveau vu que le maître le considère souvent comme tel.

Le cerveau n'est pas le but ultime de l'évolution ; c'est un outil dont la fonction a été détournée en vue de favoriser les apprentissages. Dehaene[2], neuroscientifique, parle de recyclage neuronal, c'est-à-dire de l'affectation de certaines parties du cerveau à d'autres fonctions que celles prévues initialement. Le cerveau sert surtout à la survie, accessoirement aux apprentissages scolaires. De nombreuses approches pédagogiques modernes sollicitent tout le corps pour engager à fond les élèves. Un élève ne se réduit pas à son seul cerveau.

---

[1] Hacker, P.M.S. (2000). Wittgenstein, Les grands philosophes, Points/Essais, Le Seuil, Paris
[2] Dehaene, S. (2014), Fondements cognitifs des apprentissages scolaires, Collège de France

Ils sont inconscients ou quoi ?

> *Sans ces deux qualités, l'école est impossible.*

Certains enseignants ont pu s'énerver face à la résistance d'élèves refusant d'apprendre une règle de grammaire. Cela ne contribue pas toujours à une bonne ambiance de classe. Ces enseignants peuvent se demander pourquoi un élève apprend si facilement les règles du foot et résiste tant à maîtriser une règle d'orthographe à l'écrit.

Pendant des années, je me suis posé la même question. Pourquoi tant de différences ? Pourquoi tant de facilité d'un côté et tant de peine de l'autre ? Il m'aura fallu du temps pour comprendre. La réponse est simple : c'est parce que les registres sont différents. Lorsqu'il apprend les règles d'un jeu, l'enfant pratique le jeu concrètement et consciemment. En revanche, lorsqu'il est question d'écrit, l'enfant n'est pas conscient des règles ; à l'oral, l'enfant maîtrise les règles d'accord et de syntaxe, mais de manière inconsciente. Au foot, l'enfant se fait siffler dès qu'il transgresse une règle ; d'où la facilité, car les règles s'apprennent consciemment, sur le tas. Elles sont verbalisées, pas implicites.

Vygotski[1] explique qu'il manque deux éléments principaux à l'enfant pour la maîtrise des apprentissages scolaires : la conscience et la volonté. Dans beaucoup de situations un enseignant peut perdre son calme s'il n'est pas lui-même conscient que ces deux fonctions ne sont pas à maturité chez les enfants. Ceux-ci bougent, font du bruit, tapent leur petit camarade... sans s'en rendre compte. Ils ne sont pas toujours conscients, ils le deviennent progressivement.

Le bon enseignant sera celui qui amène l'élève à devenir pleinement conscient de ses gestes, de ses efforts... ainsi que des règles de grammaire. Au-delà de la pleine conscience, l'enfant doit progresser dans sa volonté, c'est-à-dire évoluer vers des apprentissages qu'il décide. A la maison, l'enfant apprend implicitement ; à l'école, il doit mobiliser ces deux fonctions psychiques supérieures : la conscience et la volonté.

---

[1] Vygotski; L. (1977). Pensée et Langage. La Dispute

Et si on arrêtait d'être négatif ?

> *Une formulation positive réduit les coûts psychiques.*

Dans une grande majorité d'écoles, les sorties de classe, dans le couloir, sont très bruyantes. Ces moments mal maîtrisés occasionnent de nombreux conflits et bousculades entre élèves.

Longtemps, je me suis demandé comment gérer les sorties d'élèves, particulièrement lorsqu'il y a attente dans le couloir. C'est le lot de chaque fin de journée. J'avais beau dire : «*Ne criez pas, ne poussez pas, ne tapez pas...*», rien n'y faisait. Jusqu'au jour où j'ai compris un point essentiel : si un élève à qui je dis : «*Ne parle pas*» donne un coup de poing, en silence, il a parfaitement respecté la consigne. En fait, les consignes négatives laissent la place à tout ce qui n'est pas interdit ; c'est pour cette raison que cela ne marche pas vraiment ; le cerveau reste disponible pour tout le reste. Et le cerveau est rempli d'idées !

En fait, c'est Madame Charest, une enseignante à la retraite, qui m'a donné la solution. «*Pour obtenir une meilleure discipline, donnez des consignes positives*», me dit-elle. Bien sûr ! Les consignes positives dirigent l'attention volontaire de l'enfant. J'ai suivi son conseil. Lorsqu'ils attendaient dans le couloir, mes élèves avaient pour consigne de compter mentalement de deux en deux le plus loin possible. Au retour de la récré, je leur demandais jusqu'où ils étaient allés. J'avais là une occasion supplémentaire de les féliciter. Ils devenaient bons en gestion mentale des calculs. Merci madame Charest.

Outre le fait que la formulation négative autorise des interdits, elle est également coûteuse. Lorsqu'on dit, par exemple, «*Ne courez pas*», il est impossible de penser négativement cette phrase. Il faut d'abord imaginer une personne courant, puis on inverse la situation. Les formulations négatives surchargent ainsi le traitement cérébral destiné à la compréhension. Il ne s'agit pas d'exclure toute formulation négative ; néanmoins, un enseignant aura intérêt à récupérer le capital utilisé à mauvais escient pour s'en servir à des fins pédagogiques utiles. En formulant positivement, on oriente la pensée vers un plus court chemin.

NE LE FRAPPE PAS AVEC UN ARCHET

> *Comment un enfant en arrive-t-il à adorer les mathématiques ?*

Ma grand-mère, une femme simple et de bon sens, avait un tout petit chiot. Pour le dresser, elle le guidait parfois gentiment avec un journal replié pour lui signifier un interdit. Elle me disait : «*Surtout, Serge, ne tape jamais un chien avec ta main.*» Ma grand-mère était bonne pédagogue. Je pense qu'elle n'aurait pas approuvé les enseignants qui donnent comme punition des lignes à copier à leurs élèves.

J'ai rencontré des enseignants qui demeuraient convaincus des bienfaits des verbes à recopier. Comme quoi, le bon sens, ça se discute. Pour ma part, j'estime que rien n'est pire pédagogiquement que de punir avec sa propre matière scolaire. Le chien se souvient de la main qui le caresse ; l'enfant se souvient de la matière qui le punit. On ne peut pas sanctionner avec des verbes et espérer que l'enfant s'approprie joyeusement la conjugaison.

Le grand psychologue Skinner[1] avait pour habitude de dire : «*Si tu veux que ton enfant apprenne le violon, ne le tape pas avec un archet.*» L'esprit humain crée des liens, même inconsciemment, avec ce qui le relie aux évènements. Le psychologue Kahneman[2] a montré à quel point notre cerveau est une machine associative. Il cite une recherche : on demande à deux groupes d'étudiants de construire des phrases avec quatre ou cinq mots fournis. Ensuite, on demande aux candidats de changer de pièce. Ceux qui avaient des phrases avec des mots évoquant la vieillesse marchaient moins vite que ceux ayant des mots évoquant la jeunesse et l'énergie. Ils avaient intégré des liens inconscients.

On ne peut pas échapper aux influences des associations que crée notre cerveau. Si l'enfant apprécie son professeur de mathématiques, il adorera les mathématiques. Nous sommes de grands affectifs. Notre cerveau est une machine associative qui nous permet de détester... ou d'adorer les mathématiques.

---

[1] Skinner, BF. (1972). Par-delà la liberté et la dignité humaine
[2] Kahneman, D. (2011). Thinking fast and slow

Récré... enfin un temps de défoulement !

> *Il existe un temps à l'école qui n'est pas pédagogique, lequel ?*

Combien de fois n'entend-on pas cette phrase dans les écoles : «*C'est la récréation, il faut bien que les élèves se défoulent !*»

Si des élèves ont besoin de se *défouler*, c'est qu'ils ont été *refoulés* en classe. Inspecteur, je lançais parfois cette petite provocation. En effet, pourquoi un enfant qui vient de faire une heure de peinture aurait-il besoin de se défouler ? Pour quelle raison, un groupe d'élèves qui vient de réaliser une expérience en sciences aurait-il besoin de se déchaîner ?

Désolé pour certains adeptes de la théorie du défoulement, mais la récréation n'a pas cette vocation, pas plus que le temps d'enseignement en classe n'a vocation à refouler. Il est exact que l'air extérieur fait du bien et qu'il est bon de pouvoir bouger et s'aérer l'esprit... tout comme il est sage d'aérer la classe également. Les élèves peuvent aussi bouger en classe !

La récréation est un temps pédagogique comme le reste de la journée. Lorsque les enfants sont en rangs, ils ne sont pas *libres* de faire ce qu'ils veulent ; ils sont dans un temps pédagogique. Lorsque les enfants sont en récréation, ils ne sont pas *libres* de se défouler ; ils sont dans un temps pédagogique.

Des enseignants disent parfois à des élèves qui se chamaillaient : «*Allez régler votre problème entre vous...*». Je peux attester qu'il y a effectivement beaucoup de problèmes entre les élèves dans ces écoles.

Si un enseignant souhaite avoir la main sur sa gestion de classe, alors la solution est simple : aucun moment de la vie de l'élève ne peut lui échapper. Tout est pédagogique : les entrées, les sorties, les récrés, les trajets, les leçons... tout est objet d'éducation. Il ne peut y avoir d'angles morts pédagogiques à l'école. Quand un comportement laisse à désirer, l'école a toujours intérêt à le traiter pédagogiquement. Toujours.

L'école, doit offrir une garantie 100% pédagogique.

J'ATTENDS QUE LE CALME REVIENNE !

> *Pourquoi faut-il toujours tirer sur la ligne ?*

Encore étudiant à l'université de Sherbrooke, je me souviens du témoignage de cette enseignante stagiaire dans le secondaire ; elle nous partageait comment elle procédait pour obtenir le calme au début de ses cours. Elle racontait qu'elle attendait... qu'elle attendait, et que parfois, cela durait très longtemps.

Beaucoup de professeurs ont fait cette fâcheuse expérience de voir le brouhaha durer longtemps, très longtemps. La passivité ne paie pas. Ce ne sont pas les élèves qui décident quand le cours commence ; cela ne fait pas partie de leurs attributions. A chacun ses responsabilités. Ceci étant dit, il y a des situations où c'est compliqué, avouons-le ; mais en aucun cas, un professeur ne peut se mettre à la remorque du bon vouloir des élèves. L'enseignant a le devoir moral et professionnel de piloter son groupe classe.

Les choses ne sont pas simples. On peut imaginer qu'effectivement, la prise en main soit difficile, surtout en début d'année, car les élèves respectent surtout les personnes qu'ils connaissent et qui, réciproquement, les connaissent. Mais ce qui compte, c'est que l'enseignant puisse montrer qu'il est proactif et qu'il est déterminé à assumer sa gestion de classe. Le plus important est d'amener les élèves progressivement à l'endroit où l'on veut. J'aime bien l'exemple du pêcheur. Lorsque la ligne est lancée, le poisson va où il veut et le pêcheur ne doit pas tirer brutalement sur la ligne, au risque de casser le fil et de tout perdre. Parfois, un enseignant peut *attendre*. Mais à chaque instant, les élèves doivent ressentir qu'il y a une résistance ; quand les élèves ne savent pas dans quelle direction aller, l'enseignant-pêcheur, lui le sait. Il tire délicatement.

Amener les élèves à soi, doucement, en exerçant une subtile tension. A aucun moment un enseignant ne peut adopter une attitude d'attente passive. Il donne le cap, sans rupture. Il assume ses responsabilités, il reste calme, il fait comprendre qu'il gère. C'est le maître qui doit maîtriser.

Comment garder son calme

> *Au pays des émotions, «dire c'est être».*

Il n'est pas indispensable de se mettre en colère, il suffit de dire qu'on l'est. C'est bien mieux pour la santé de tous.

Au cours de ma carrière, il m'est arrivé de me mettre en colère. Je le regrette. Marion, une étudiante qui aspire à devenir enseignante me disait tout récemment : *«Je redoute l'aspect émotionnel. Je pense avoir assez de patience pour ne pas me mettre en colère ; je sais cependant que je peux me laisser submerger facilement par mes émotions.»*

Cette future enseignante a bien raison. Les écoles sont des lieux où, à tour de rôle, les enseignants perdent patience. Par chance, des auteurs peuvent nous aider à faire le point sur cette délicate question. Une approche professionnelle des émotions permet de s'épargner avec, à la clé, des élèves qui pourront bénéficier d'un enseignement plus serein. Voici quelques pistes.

Wittgenstein[1] affirme que le langage est beaucoup plus qu'un simple outil d'information avec émetteur/récepteur. Ainsi, lorsque nous disons que nous sommes en colère, ce n'est pas une information que l'on transmet ; c'est la manifestation adulte d'*être en colère*. Cela peut paraître subtil, mais en réalité, cette approche change tout. Prenons l'exemple d'une personne qui dit *«J'ai mal aux dents, aïe, aïe, aïe !»* ; on comprend que la personne exprime sa souffrance de manière équivalente à celle d'un enfant qui va se rouler par terre de douleur.

La parole a ceci de fantastique qu'elle transforme, comme par alchimie, un comportement en expression verbale. Quand un enfant reçoit un cadeau à Noël, il *saute* physiquement de joie ; cette émotion s'exprime par son corps. Quand une personne adulte reçoit un cadeau à Noël, elle *exprime verbalement* sa joie ; son émotion physiologique n'est plus comportementale mais langagière. C'est le signe d'un passage à l'état adulte.

Lorsque dans la cour de récréation des enfants se tapent, on leur

---

[1] Hacker, P.M.S. (2000). Wittgenstein, Les grands philosophes, Points/Essais, Le Seuil, Paris

apprend à traduire leurs émotions en paroles. Autrement dit, les mots sont l'expression physique d'un sentiment qui, par métabolisation, s'est transformé en langage oral. Les mots ne font pas qu'informer, ils sont l'expression même de la chose ressentie. Quelle conséquence pour la gestion de classe ?

La jeune enseignante qui craint de se mettre *dans* la colère aura tout intérêt à *dire* sa colère ; ainsi, elle ne rentrera pas dedans. Un sentiment que l'on exprime nous évite de tomber dans la marmite physique de l'émotion incontrôlable. Toute personne qui s'est mise *dans* la colère doit en ressortir ; c'est pour cela que, après une crise, on est tout tremblant et que l'on reste submergé par l'émotion. En revanche, lorsque l'on s'est contenté d'exprimer verbalement sa colère, on n'est pas tombé dans le chaudron et, du coup, les séquelles sont infiniment moins nocives tant pour l'enseignant que pour les élèves. Ceux-ci auront entendu la formulation verbale d'une colère et en tiendront parfaitement compte ; cela signifie, par exemple, qu'une élève rentrera à la maison et dira à ses parents «*Oh! lala ! Aujourd'hui, la maîtresse, elle était très en colère.*»

Tout le monde a intérêt à ce que les enseignants gardent leur calme. Une maîtresse peut tout à fait obtenir l'effet désiré en disant aux enfants : «*Oh ! là ! Je pense que je suis vraiment en colère de voir cela...* » La chose étant dite, l'enseignante peut alors passer rapidement à l'expression d'une autre émotion et dire par exemple : «*Maintenant que j'ai exprimé ma colère, j'ai une bonne nouvelle pour vous. Cet après-midi, nous allons organiser un anniversaire.*» Selon cette approche, tout le monde est gagnant : l'enseignante s'économise nerveusement et reste maîtresse d'elle-même. Les enfants ne subissent pas de longs moments de stress et la chose reste clairement exprimée. Les sentiers sont balisés.

En conclusion, évitons les effets collatéraux des dérapages colériques. Marion, la jeune future enseignante pourrait se dire : «*Pour ne pas me laisser submerger par mes émotions, je vais les mettre en mots. Je vais dire ma colère plutôt que de me mettre en colère. Il est inutile de me rajouter une blessure. Mes mots sont des actes de langage. Dire, c'est être.*»

QUAND UNE QUESTION EN CACHE UNE AUTRE

> *Quand tous regardent la réponse, le sage observe la question.*

Nous étions à une demi-heure de la sortie et j'estimais que plusieurs élèves de ma classe élémentaire avaient été pénibles. En vue de faire un bilan de journée, je leur dis ceci : «*Lève la main si tu estimes que ton attitude d'aujourd'hui mérite un bon point*». Quelle ne fut pas ma surprise de constater que tous mes élèves levaient la main, même ceux que j'avais dû reprendre plus de dix fois. Je n'en revenais pas. J'y voyais un paradoxe, car ils avaient pour habitude d'être sincères.

On aurait dit qu'ils avaient entendu : «*Qui a fait de son mieux aujourd'hui ?*» En fait, mes élèves ont détourné la question. Répondre à une autre question que celle posée n'est pas le propre de l'enfant. Kahneman[1], psychologue et prix Nobel, développe un chapitre intéressant sur la tendance qu'ont les personnes à substituer une question par une autre pour y répondre plus facilement. L'auteur parle de réponse *heuristique*. Ce terme a le sens d'une réponse toute prête à sortir ; elle surgit spontanément, même si elle est un peu décalée par rapport à la question initiale. Un enseignant doit entraîner cette capacité à inhiber des réponses. De fait, on se doit d'être sur tous les fronts du langage : stimuler les timides et inhiber les réponses heuristiques. Ces dernières sont des raccourcis qui permettent, par une procédure simplifiée, de trouver des réponses à toute question compliquée. Kahneman rapporte une recherche où on demande à des personnes : «*Êtes-vous heureux ces jours-ci ?*» Le résultat est le suivant : si des évènements heureux sont évoqués avec une moitié du groupe, les personnes répondent majoritairement *oui* ; si des évènements malheureux sont abordés avec l'autre moitié du groupe, ces derniers répondent *non*.

Que conclure de tout cela ? Tout simplement que l'on ne sait jamais trop à quelle question les enfants répondent. Les enseignants doivent rester vigilants sur tout traitement cognitif.

La question mérite de figurer comme objet d'étude, en soi.

---

[1] Kahneman, D. (2011). Thinking Fast and slow

Tu es fatigué de marcher ? Courons !

> *La pensée adulte ressemble parfois à du prêt-à-penser.*

Notre cerveau est ainsi fait qu'il trouve des réponses à tout. Le problème, c'est que, très souvent, ces réponses n'envisagent qu'une toute petite partie des possibilités qui s'offrent à nous.

Voici un évènement qui m'a marqué pédagogiquement. Avec une très bonne amie, Marie-Christine, nous marchons le long du canal de Digoin avec ses deux enfants, Maxime et Boris. Le canal est un lieu de promenade magnifique. A un endroit, un pont-canal enjambe le fleuve. Cela fournit un spectacle grandiose. En effet, on voit des bateaux, en l'air, traversant la Loire ! Il y a une sorte de surréalisme, c'est magique.

La balade devait durer une heure trente environ avant d'arriver au pont-canal. Le dimanche après-midi était ensoleillé et les deux enfants de sept et neuf ans étaient tout à fait en mesure de marcher cette distance. Quelle ne fut pas mon exaspération d'entendre Maxime, sept ans, à qui je tenais la main, me dire : «*J'en ai marre de marcher.*» Il geignait, se tordait, se laissait traîner. Nous avions parcouru lentement environ la moitié du chemin. Je sentais la tension monter en moi d'entendre ce gamin regimber et se plaindre. Je n'avais absolument pas envie de m'arrêter. Pour le narguer, je lui dis : «*Tu en as vraiment marre de marcher ? Et bien alors courons !* » Quelle ne fut pas ma surprise de voir Maxime, dans l'élan, joyeux et volontaire. «OK», dit-il. Nous voilà partis à courir jusqu'au pont-canal. Sans nous arrêter ! Cela m'a servi de leçon pour le reste de ma carrière.

Lorsqu'un enfant dit qu'il n'en peut plus, l'adulte en déduit qu'il faut arrêter l'activité et se reposer. Erreur ! L'enfant exprime plutôt qu'il veut faire autre chose. Marre des mathématiques ? Faisons du français. Marre de l'écriture ? Faisons du calcul mental. Marre de l'école ? Faisons-la autrement !

En conclusion, nous fonctionnons souvent avec un logiciel *oui/non* ; on peut aussi utiliser le programme : *oui/différemment*. Il est parfois sage d'écouter les enfants plutôt que les adultes.

L'ENFANT N'EST PAS UN PETIT ADULTE

> *Une chose et son contraire peuvent-elles être simultanément vraies ?*

Le 23 mai 2008, Emilie, une ultra brillante et merveilleusement gentille élève de CE1 me dit, les larmes aux yeux : «*Maître, Vincent m'a donné des coups de pied à la danse.*»

Bien sûr, j'interpelle Vincent qui jure de son innocence. Je me demande bien comment gérer cet incident ; je suis un peu remonté. Je décide alors de dire à Emilie, dont la bonne foi ne peut être mise en doute : «*Emilie, tu dis vrai, je le sais.*» Je me tourne ensuite vers Vincent, souvent rude avec ses camarades, et je lui dis : «*Vincent, j'entends ce que tu dis ; mais j'aimerais que tu tiennes compte de la remarque d'Emilie.*»

Je suis conscient que ma stratégie constitue une approche difficilement compréhensible pour un adulte cohérent qui n'est pas un professionnel de l'éducation. En tout début de carrière, j'aurais, à l'évidence, *tranché* en faveur d'Emilie. Vincent a souvent donné des coups par le passé, c'est un costaud ; il était vraiment tentant de le gronder, d'autant qu'Emilie était une élève irréprochable. Oui, mais je ne suis pas sûr que mon jugement eût résolu le problème. Vincent, j'en suis persuadé, n'est pas conscient de son acte. Dès lors, à quoi servirait de le convaincre d'un méfait qu'il est persuadé ne pas avoir commis. Le remède risque d'être pire que le mal.

Pour un adulte, les incohérences sont toujours gênantes, mais pour un enfant, ce n'est pas le cas. Toutes les expériences de Piaget[1] montrent qu'il suffit de verser un verre de jus d'orange dans un autre verre plus élancé pour que l'enfant dise qu'il y a plus de jus de fruit dans le second verre. Illogique pour un adulte, parfaitement plausible pour un enfant.

Chez l'enfant, la réalité est multiple ; les contradictions n'apparaissent que progressivement, la construction de la logique est graduelle. Un enseignant doit naviguer à travers des situations où il doit viser la cohérence en permanence ; par moments, il est

---

[1] Piaget, J. (2008). La représentation du monde chez l'enfant.

fondé à dire à ses élèves : «*Dans ce cas-ci, on fait comme ceci et dans ce cas-là, on fait comme cela*».

L'enfant est à mille lieues d'un discours jurisprudentiel. L'égalité de traitement concerne le monde des adultes responsables. Je sais que cette affirmation est critiquable... mais je sais aussi que j'ai raison de parler de différenciation selon les situations en fonction du stade de développement d'un enfant. C'est d'ailleurs ce qui rend subtil l'enseignement au primaire ; il faut équilibrer en permanence. Bien entendu, la différenciation et l'adaptation ne doivent pas être synonymes d'arbitraire. Il faut toujours rechercher l'égalité de traitement, mais se souvenir en permanence de Piaget[2] qui nous dit que l'enfant du primaire n'a pas la pensée conceptuelle. Tout intelligent qu'il soit, l'élève ne traite pas les informations comme un adulte ; l'enfant *n'est pas un petit adulte*.

Au moment de l'incident du 23 mai, j'estime que Vincent est sincère bien qu'Emilie ait raison. Si je ne l'affirme pas clairement, Vincent risque d'estimer, en toute bonne foi, avec la plus grande sincérité, que je ne le comprends pas et que je suis injuste envers lui. Il *sait* qu'il n'a pas donné de coup de pied et, à ce titre, il est sans doute important que je lui dise que je prends en compte ses propos et que j'ai confiance en lui. Simultanément, j'attire son attention sur le fait qu'Emilie dit des choses qui sont justes et qu'il doit en tenir compte. Vincent estime certainement ne pas être l'auteur des coups ; il les a donnés, de manière inconsciente, un point c'est tout... et c'est très différent. Emilie, elle, du haut de ses huit ans, a tout compris.

« *Un individu ne communique pas, il prend part à la communication, il en devient un élément. Il peut bouger, faire du bruit… mais il ne communique pas. [...] En d'autres termes, il n'est pas l'auteur de la communication, il y participe.* »[3]. Par analogie, Vincent n'a pas tapé consciemment, il n'est pas l'auteur des coups, il participe globalement ; il les a donnés, c'est tout.

L'élève agit dans sa globalité, souvent inconsciemment. Beaucoup d'enseignants craquent lorsqu'ils sont confrontés aux *contradictions* d'élèves. L'enfant n'est pas un adulte miniature.

---
[2] Piaget, J. (2008). La représentation du monde chez l'enfant.
[3] Bougnoux, D. (1993). Sciences de l'information et de la communication (Watzlawick p252.)

Pourvu qu'ils m'écoutent avec attention

> *Connaissez-vous ces deux types d'écoute ?*

A l'occasion d'une leçon de français, le 10 mars 2009, je dis à mes élèves de sept ans : *«Il ne s'agit pas uniquement d'écouter ! Même votre gentil toutou est capable d'écouter ; pour autant, il ne comprendrait pas ce que je vous dis en ce moment. Non, je vous demande d'écouter et de réfléchir.»* Certains élèves se demandaient bien où je voulais en venir ; d'autres comprenaient que je les invitais à grandir.

Cette réflexion avait pour but de les inciter à mobiliser leur compétence *écouter avec attention*. La plupart des parents disent à leurs enfants : *«Écoute bien ta maîtresse»*, un peu comme ils diraient *«Écoute bien la télé»*. Il y a une sorte d'écoute passive qui s'appuie sur le sens de l'audition. L'école ne peut pas se satisfaire de ce type d'écoute ; ce ne sont pas les oreilles qui doivent être mobilisées, mais toute la personne.

L'audition est partagée par de nombreux êtres vivants ; il suffit d'écouter pour entendre. En réalité, cette écoute est peu utile à l'école. Ce qu'il faut que l'enfant développe, Vygotski[1] le rappelle, c'est l'écoute volontaire. Et cette écoute, c'est une fonction psychique supérieure. Ceux qui la développent réussiront. Cette écoute exige concentration et permet de discriminer les sons, par exemple, dans un orchestre : à quel moment entre le violon, est-ce qu'il y a du piano ? Etc. Ou encore, quelles sonorités sont communes dans les mots *théâtre* et *attristé* ? Pour répondre à ces questions, il faut faire preuve d'attention volontaire.

L'écoute naturelle est plutôt paresseuse. Songeons à l'écoute d'un journal télévisé ; on *suit* les nouvelles ; une information chasse l'autre. Au contraire, l'école a pour mission d'engager l'élève dans une démarche qui le conduit à avoir conscience de ses processus mentaux. *«Une pédagogie cognitiviste mise sur la conscience de l'apprenant pour favoriser l'apprentissage*[2]*.»* Apprendre à écouter, ça se construit et c'est très rentable.

---

[1] Vygotski, L. (1997). Pensée et langage
[2] Legendre R. (1993). Dictionnaire actuel de l'éducation

On ne sort pas tant qu'il y a du bruit

> *Voici une parfaite manière de faire de la contre-éducation.*

Il m'est arrivé de dire à mes élèves de CM2, et je le regrette : «*Comme je n'ai pas le calme pour la sortie, alors rasseyez-vous à votre place.*»

Pourquoi ai-je du regret ? Parce qu'il s'agit purement et simplement d'une punition collective. Or, sur le principe, aucun enseignant ne peut cautionner une punition collective. Souvenons-nous du massacre des Cathares. «*Tuez-les tous, Dieu reconnaîtra les siens !* » Cette phrase aurait été prononcée en 1209 lors de la prise de Béziers. Quand on ne repère pas les coupables, c'est tellement plus simple de *les brûler tous*.

Hé non ! Ce n'est pas bien de faire se rasseoir tout le monde, car la petite Jeanne était parfaitement sage et la petite Lucie aussi et Pierre se tenait également en silence. Ce type de traitement dans la gestion de classe est contraire à nos valeurs républicaines. Mieux vaut libérer trois coupables plutôt que de condamner un innocent. Il nous faut donc chercher d'autres moyens ; toute sanction collective n'a pas sa place à l'école. A chaque fois que ce type de mesure est appliqué, on peut avoir l'assurance qu'il s'agit d'une mesure anti-éducative. Or la mission première de l'école, c'est d'*éduquer*, c'est-à-dire amener plus loin, *hors de*. Eduquer, c'est faire sortir l'enfant d'un univers pour l'amener dans une société dont les valeurs sont partagées. Et cela s'effectue par le passage institutionnel qu'est l'école. La punition collective n'est pas une valeur partagée par notre société. Elle ne peut être utilisée dans nos classes.

Une enseignante doit parfois réagir sur l'instant. Hélène, ma collègue procédait ainsi. Lorsqu'un incident survenait, elle prenait soin de prévenir les enfants ; ils n'étaient pas concernés par les propos qu'elle adressait à un de leur camarade. Elle leur précisait, qu'en conséquence, ils ne devaient pas prêter attention à ses remarques qui, de toute façon, ne les concernaient pas. Hélène évitait de sanctionner sans distinction.

Gérer les conflits en récréation

> *L'important n'est pas de s'entendre, mais de s'écouter.*

Quel enseignant n'a pas eu à gérer un conflit entre élèves lors d'une récréation ? Dans ces situations, on adopte, à tort, un rôle de juge tout en se voulant impartial. Comme me disait une étudiante qui se destinait à l'enseignement : «*J'appréhende de ne pas réussir à leur enseigner correctement les codes nécessaires à leur vie actuelle et future.* » A l'intention de cette étudiante, je présente une approche personnelle, sans prétention.

Carl Rogers[1], l'un des plus grands psychologues américains, insiste sur une compétence fondamentale dans les rapports humains : l'empathie. Cette qualité consiste non pas à encourager l'autre, mais à essayer de le comprendre et, pour cela, l'écoute est essentielle. On peut légitimement s'appuyer sur Carl Rogers pour essayer de gérer les inévitables conflits qui apparaissent dans les cours de récréation.

La tentation est grande, pour un enseignant, lorsqu'il voit arriver deux élèves, de se positionner en tant que juge et d'essayer de déterminer qui est le coupable, qui est l'innocent. Au fil des années, on se rend compte que ceci a pour effet de créer des problèmes, car l'un des deux enfants a l'impression de subir une injustice. C'est ce qui devrait pousser un enseignant à jouer le jeu de l'empathie, c'est-à-dire d'éduquer à la compréhension de l'autre.

Dès lors, chaque fois qu'on est sollicité pour résoudre un conflit entre deux élèves, on peut commencer par leur dire que l'on n'a pas été témoin de l'incident et, qu'en conséquence, on a besoin de *comprendre* la situation. Chaque enfant, à tour de rôle, décrit la situation en racontant ce qui s'est passé. Le premier élève s'exprime ; il prend la parole et donne sa version de l'évènement selon son propre point de vue. Immanquablement, le second enfant coupe la parole pour dire que c'est inexact. C'est alors que l'enseignant repose le cadre, disant : «*Je n'étais pas présent. Je ne sais pas ce qui s'est passé. Merci de ne pas couper la parole à*

---
[1] Rogers, C. (1972). Liberté pour apprendre, Paris : Dunod

ton camarade. Je veux simplement comprendre. Je ne dis pas qu'il a raison. Tu pourras donner ta version des faits, à ton tour, sans être interrompu.»

Ce second élève n'a d'autre choix que d'entrer en situation d'écoute intense ; rien de ce que dit le premier camarade ne lui échappe. Par ce moyen, on atteint un premier objectif : amener un enfant à véritablement écouter un camarade. Ouf ! Lorsque le premier élève a terminé sa narration des faits, on passe au second et, bien entendu, interdiction au premier de couper la parole. Lorsque le second enfant a terminé sa version, on demande au premier s'il a des éléments à rajouter ou à corriger. Et ainsi de suite, jusqu'à épuisement des versions de la part de chaque enfant.

Cette stratégie contradictoire est finalement redoutable. Elle peut durer quinze minutes. Au début, c'est toujours houleux, mais au fur et à mesure du déroulement de la conversation, chacun se sent écouté, entendu, compris. L'enseignant n'est pas juge, mais garant de l'écoute empathique de chaque enfant. Il semble utile d'insister pour que chacun s'écoute ; leur rappeler qu'on a besoin de comprendre, car on n'a pas été témoin direct de l'évènement conflictuel ; donc il faut des précisions, des faits, des détails. A travers cette médiation, une écoute empathique émerge. Ne pas interrompre les locuteurs ; l'autre camarade s'en charge... et se fait recadrer bien entendu.

Finalement, on découvre que les enfants ne demandent pas un jugement, mais plutôt un espace pour s'exprimer et dire ce qu'ils ressentent. Ils veulent être entendus, avoir le sentiment d'être compris ; visiblement, devant un témoin pour donner de la crédibilité à leur propos.

L'enseignant peut conclure en disant : *«Bon, puisque je vous sens apaisés, est-il utile d'aller plus loin ? Je pense que nous nous sommes tous compris. J'en suis témoin. Je crois que chacun retient ce qu'il a à retenir de cette histoire.»*

Et les enfants repartent jouer... en ignorant qu'ils viennent de mobiliser une compétence essentielle : l'empathie.

Les hommes ont une meilleure autorité ?

> *Être capable de piloter un groupe, dans l'instant... hum !*

Il existe un cliché dans l'enseignement qui a la vie dure : les hommes auraient davantage d'autorité. Je dois avouer que durant mes 40 années de carrière, je n'ai jamais pu vérifier une telle assertion. L'autorité n'est pas naturelle, elle se construit.

J'enseignais à des CM2 en Saône-et-Loire et c'était la journée où deux gendarmes devaient venir parler de la sécurité à mes vingt-sept élèves. J'accueille les gendarmes, grands, costauds et impressionnants. Nous nous dirigeons ensuite dans une salle où les deux intervenants disposent d'un bel espace pour faire un exposé aux élèves et discuter avec eux. Comme j'étais simultanément directeur d'école, je propose à mes invités de commencer leur présentation pendant que je prends dix minutes pour aller passer un appel téléphonique urgent à une famille. Mes élèves semblaient impressionnés par les deux géants, pistolets visibles à leur ceinture. Je pars donc effectuer l'appel téléphonique, confiant.

Au bout de dix minutes, je reviens. Quelle ne fut pas ma surprise de constater qu'il y avait des ricanements dans tous les coins, des élèves parlaient en même temps que les gendarmes, se balançaient sur leur chaise, etc. En un mot, le bazar ! Je n'en revenais pas. J'étais encore persuadé que la force imposait son autorité. Après insistance, la sérénité finit par revenir et l'activité se poursuit normalement. Je retirai de cette expérience une leçon pour le reste de ma carrière : c'est la relation que l'on crée avec nos élèves qui fonde la véritable autorité ; on ne peut pas gérer immédiatement une classe, par la seule force.

Tous les enseignants débutants sont craintifs quant à leur future autorité. C'est normal. Ils constateront que la gestion progresse jour après jour ; il n'y a pas de secret pour un pilotage instantané. Il faut construire, jour après jour, une relation pédagogique basée sur une bonne organisation, des consignes explicites, de l'anticipation, des encouragements et de la bienveillance.

A QUEL MOMENT DOIT-ON SÉVIR ?

> *En gestion de classe, le principe de précaution, c'est...*

D'une manière générale, les enseignants font de leur mieux et tentent de laisser le maximum de chances aux élèves avant de sanctionner. Une enseignante débutante me disait : «*Sans vouloir régner en maître incontesté sur la salle de classe, j'ai peur de ne pas réussir à faire respecter certaines décisions quand celles-ci seront nécessaires.*» Cette enseignante exprime des craintes légitimes.

En réalité, elle pointe un élément crucial : la temporalité, à travers son mot *quand*. Pour installer une bonne discipline, il est essentiel de bien gérer le temps. Qu'est-ce à dire ? L'enseignant doit déterminer à quel moment il est le plus pertinent d'intervenir. La réponse qui suit va en étonner plus d'un !

Le meilleur moment pour intervenir auprès d'un ou de plusieurs élèves, ce n'est pas après la faute, ni pendant, mais juste avant. En effet, avec l'habitude, on finit par *sentir* si le groupe risque de commettre de petites bêtises. Alors, mieux vaut anticiper et appliquer le principe de précaution.

Il est préférable de prévenir la faute ; ainsi, mieux vaut froncer les sourcils en amont. Quelle raison milite en faveur de cette approche ? L'enfant qui n'a rien commis de répréhensible n'est pas encore coupable. Cela change tout. En effet, en faisant les gros yeux, on évite la déviance et l'enfant est dispensé de ressentir de la culpabilité. L'enseignant doit tout faire pour mettre l'élève en réussite, y compris en intervenant en amont des erreurs. L'élève développe ainsi une image positive de lui-même.

De manière très concrète, comment une enseignante peut-elle intervenir en amont d'un débordement imminent ? Elle peut, par exemple, émettre un commentaire générique du style : «*Hum ! j'ai repéré que certains sont un peu fatigués. Je les informe que je les ai vus et que je serai particulièrement vigilante aujourd'hui.*» Tous entendent le message, ils ont bien compris que l'enseignante voit tout et ne laissera rien passer.

C'EST LE CORPS QUI SE CONCENTRE, PAS LA TÊTE

> *Il ne faut pas demander aux enfants d'être sages dans les rangs.*

L'enfant du primaire n'a pas la pensée conceptuelle. En d'autres termes, il ne comprend vraiment que les mots concrets : chien, vélo, piscine, bâton, crapaud, etc. Les autres mots, du style *attention*, *réfléchir* ou *concentration*, il les comprend dans le cadre d'une communication, mais il sera totalement incapable de les définir. Sur ce plan, Vygotski[1] est formel. Dès lors, quelle en est la conséquence pour la gestion de la classe ?

L'enseignant doit donc définir tous les termes utiles tels que : attention, concentration, écouter, réfléchir, mémoriser, calculer, etc. Ce sont des mots-clés pour un bon fonctionnement de classe, or l'enseignant prend rarement le temps de les définir. Il présume généralement que ces mots signifient ce qu'ils disent et que l'enfant est apte à les comprendre. Erreur !

Comment l'enseignant peut-il définir des termes ? Prenons un exemple : «*Applique-toi.*» Si le maître précise en disant : «*Écoute bien, réfléchis dans ta tête, fais de ton mieux*», cela n'aura rien fait avancer du tout. En effet, il ne sert à rien de définir un concept avec un second concept. Il faut justement sortir du conceptuel et entrer dans le monde de l'exemple concret. Certes, cela réduit la portée du concept, mais le gain à espérer, c'est que l'enfant en retire des indications claires. L'expression *applique-toi* peut être définie de la manière suivante : «*Tes yeux regardent la maîtresse, tes pieds ne bougent pas et tes bras sont croisés*». En principe, l'élève qui fait cela ressemble à un élève bien appliqué. En clair, évitons les *paroles verbales* que l'enfant entend et qui flottent au-dessus de sa tête.

Plutôt que de dire à des élèves : «*Soyez sages dans les rangs*», on peut leur demander de vérifier si la pointe de leurs pieds est placée juste derrière les talons de leur camarade situé devant. Les enfants sauront *bien s'aligner*. Et les collègues croiront que vos élèves maîtrisent le concept d'un bel alignement.

---

[1] Vygotski, L. (1997). Pensée et langage, La Dispute

CONCRÈTEMENT, ON FAIT QUOI AU PRIMAIRE ?

> *Une astuce pour éviter la surcharge cognitive.*

Du CP au CM2, l'enfant se situe, selon Piaget[1], au stade de la pensée concrète. Qu'est-ce que cela implique dans la gestion de classe pour un enseignant ? La conséquence est que les élèves sont capables d'appliquer la logique, mais avec certaines limitations ; ils ne sont pas encore capables d'utiliser la pensée abstraite. En d'autres termes, les mots ont un sens pour eux, mais l'enseignant aura tout intérêt à être conscient que l'enfant est plutôt à l'aise avec des ficelles, des cailloux ou des ballons. L'élève éprouve forcément des difficultés avec des notions telles que l'attribut du sujet, la proportionnalité, etc.

Bien entendu, il ne s'agit pas d'éviter l'usage des concepts, bien au contraire ; ils sont nécessaires au développement intellectuel des enfants. En revanche, les termes conceptuels devront toujours être explicités. C'est la raison pour laquelle l'enseignant doit donner des définitions aux élèves. D'une manière générale, pour les activités à caractère autonome, l'enseignant s'assurera que les tâches ne vont pas au-delà des capacités d'abstraction des élèves. Concrètement, que faire ?

Prenons l'exemple de la prise de parole. Les enfants peinent à respecter leur tour de parole ; ils se précipitent d'une manière égocentrée lorsqu'une réponse surgit en eux. L'enseignant pourra concrétiser son exigence, en faisant usage d'un bâton de parole. L'attention de l'enfant est ainsi ramenée concrètement à un objet et cela le libère pour une tâche de niveau plus élevé. Cette idée du bâton de parole peut être utilisée dans d'autres contextes. Il peut y avoir le *bâton du déplacement*, le *bâton permettant de sortir le ballon*, etc. Le fait de se raccrocher à un objet matériel constitue une sorte d'objet transitionnel permettant à l'enfant de passer petit à petit d'un stade à un autre.

Privilégier le concret facilite l'enseignement. Cela évite la surcharge cognitive. La mémoire de travail se fatigue vite. Elle doit être réservée à la résolution de vrais problèmes.

---

[1] Piaget, J. (2008). La représentation du monde chez l'enfant.

Et s'ils étaient tous responsables !

> *Quel rapport entre gestion de classe et culpabilité ?*

Je me souviens de Tommy, 9 ans, au cours d'une récréation du matin. Costaud, il avait tendance à être un peu brutal avec ses camarades. Ce matin-là, Tommy pousse le petit Julien qui faisait la moitié de son gabarit. L'affaire m'est rapportée et je demande des explications à Tommy, car je voulais comprendre. Tommy reconnaît qu'il a bien poussé Julien, mais il certifie qu'il n'a pas fait exprès. Il me procure, à son insu, un excellent prétexte pour le sensibiliser à la maîtrise de son comportement.

En simulant un grand étonnement, je m'exclame : «*Et en plus, tu me dis que tu as poussé Julien sans faire exprès ! Alors là ! L'affaire est bien plus grave que je ne croyais. Te rends-tu compte, Tommy ? Si tu n'as pas fait exprès, cela laisse à penser que tu ne maîtrises absolument pas tes actes et donc que tu peux être très dangereux ! Si seulement tu l'avais poussé volontairement.*»

Le pauvre Tommy ne savait plus comment se positionner. Je l'abordais par le paradoxe. Il croyait s'en sortir alors que je lui montrais que c'était justement son argument de défense qui l'accusait. Je l'amenais à devenir conscient de ses actes.

Quelques récréations plus tard, on m'amène un élève qui avait frappé un camarade ; Tommy avait été témoin. Lorsque le premier enfant commence à se défendre en disant : «*Je n'ai pas fait exprès*», Tommy lui fait signe de ne surtout pas dire cela ! Le message était passé. A partir de ce jour, toute la classe a progressé en direction de la valeur *assumer ses actes*.

L'enfant amène souvent comme défense qu'il n'a pas fait exprès. Il croit ainsi s'exonérer de ses responsabilités. L'enseignant peut accompagner l'enfant pour l'amener petit à petit à distinguer *être coupable* et *être responsable*. La culpabilité a plutôt pour effet de détériorer le climat. Quand les enfants deviennent responsables de leurs actes, le climat de classe s'améliore ; les élèves gagnent en conscience et en confiance.

Voici un exemple de torture d'enfants

> *Pourquoi un enfant ne vous donnera jamais de définition.*

Le climat de classe dépend de la manière dont nous respectons les potentialités des enfants. Il faut leur demander de donner le meilleur d'eux-mêmes sans les contraindre avec une pression excessive.

Un de mes travers d'enseignant débutant consistait à passer un temps fou à attendre la bonne réponse. Après avoir posé une question, je tenais absolument à ce que la réponse vienne des enfants. Aussi, je les sollicitais en essayant de m'approcher progressivement de la bonne réponse ; hélas, cela pouvait durer. «*Ça brûle, on y est presque, ça vient, etc.*» Inutile de dire que j'épuisais cognitivement mes pauvres élèves dans une démarche très peu rentable pédagogiquement. L'enseignant ne doit pas chercher impérativement à faire produire la bonne réponse par les enfants. Si ça vient, tant mieux ; sinon, on la donne et on poursuit l'activité prévue.

A titre d'exemple, je me souviens avoir attendu et attendu que les enfants donnent des définitions. En fait, les seules définitions qu'un enfant peut donner, ce sont celles qu'il a apprises. Pourquoi ? Parce que l'enfant n'a pas la pensée conceptuelle. En conséquence, il ne peut que donner des exemples. Qu'est-ce qu'un ustensile ? L'enfant répondra *«Couteau, fourchette, cuillère»*. Et ceci est tout à fait normal. Qu'est-ce qu'un verbe, un sujet, une phrase, etc. ? Si le maître veut entendre une définition, il doit d'abord la donner et la faire apprendre.

Vygotski[1] explique que l'enfant dispose des mots pour communiquer, mais sa pensée conceptuelle, celle qui lui permet de définir, ne surviendra, en principe, qu'au collège. Pour l'enfant, tout est exemple ; c'est pour cette raison qu'il peine avec la définition de *mammifère*, car il doit mettre dans une même catégorie : vache, mouton, baleine et chauve-souris.

Une définition, c'est conceptuel ; un exemple, c'est sensoriel.

---
[1] Vygotski, L. (1997). Pensée et langage, la Dispute

P<small>AS DE BESOIN</small> ? ALORS PAS D'ATTENTION !

> *Vous vous souvenez de l'âne qui n'avait pas soif ?*

Ma conjointe me demande ce jeudi 9 avril 2015, où est le pressing. Je luis réponds que je n'en sais rien ; renseignements pris, il est juste à l'entrée du centre commercial où nous allons depuis deux ans. En fait, nous ne l'avions jamais remarqué, parce que nous n'en avions jamais eu besoin. Je me suis alors dit que la gérante du pressing ne pouvait pas imaginer combien de personnes, parmi les milliers qui passent régulièrement devant son commerce, ne le voient même pas.

Il semble y avoir une sorte de paradoxe dans ces situations et cela concerne directement la gestion de classe. Comment est-il possible que ma conjointe et moi n'ayons pas observé et retenu qu'il y avait un pressing juste à l'entrée du grand magasin ? Cela me ramène évidemment à tous ces élèves qui voient et entendent des milliers de fois la même rengaine... «*Je leur dis, je leur répète, je leur récapitule... et pourtant ils ne retiennent pas !*» Eh oui, beaucoup d'élèves ne voient pas le pressing scolaire, car ils n'en ont pas besoin. Ce qu'il faut, c'est une nécessité, un besoin. Comme une petite tache de gras sur la chemise.

Il faut que l'enfant ait besoin de la conjugaison, de l'addition, etc. Sans le besoin, chacun fonctionne à l'économie. Le docteur Itard[1] a conduit une expérience étonnante avec l'enfant sauvage. Le médecin tire au pistolet derrière l'enfant et celui-ci ne bouge pas, il reste impassible ; Itard a cru qu'il était sourd. Ensuite il craque une noix, toujours dans le dos de l'enfant, et Victor, l'enfant sauvage, se retourne soudainement. La noix faisait sens.

En se référant aux besoins, on comprend facilement pourquoi on retient moins la route lorsqu'on est passager. On comprend pourquoi le programme scolaire ne peut pas être mis en oeuvre une page après l'autre. On comprend que c'est l'appétit qui fait passer les enfants à table. On comprend pourquoi il est essentiel d'amener les élèves à dire à leur enseignant : «*maîtresse, maîtresse, apprenez-nous cela, on en a besoin.*»

---
[1] Itard, J. (1801). Mémoire du docteur Itard sur l'enfant sauvage

PASSE-MOI LE MARTEAU, JE VAIS TE MONTRER

Pourquoi l'enseignant doit donner le bon exemple.

De nombreux enseignants tombent dans ce double piège. Plutôt que de passer à l'action, ils fournissent des explications qui prennent un temps fou ou bien ils attendent que l'élève trouve les solutions par lui-même. Dans les deux cas, c'est une fausse piste. Le plus rentable, c'est que l'enfant réfléchisse directement à partir de situations problèmes ou bien travaille en proximité avec le maître. L'école primaire n'est pas le lieu pour philosopher sur la fabrication du marteau ; on y apprend à planter des clous. Un élève vit dans le concret, donnons-lui... les *bons exemples*.

Certaines notions scolaires sont résistantes : pensons notamment aux décimaux, à la proportionnalité ou aux participes passés. Pour ces notions, d'authentiques situations problèmes bien organisées auront une rentabilité pédagogique supérieure aux longues explications. A l'école primaire, on est dans le monde du concret ; la pensée conceptuelle est réservée au collège et au lycée. Mais attention ! Problème ne veut pas dire exercice.

Lors d'inspections, j'ai vu souvent des enseignants attendre que l'enfant trouve les bonnes réponses par lui-même ; ils étaient toujours étonnés lorsque je leur disais : «*S'il n'arrive pas à résoudre son problème comme ses camarades, faites-le avec lui, donnez-lui la main.*» Les enseignants résistent à l'idée de *faire avec* leurs élèves, en donnant les solutions. Pourtant, c'est bien ce qu'ils font au moment de l'apprentissage des lettres : ils tiennent la main. Hélas, à partir du CE2, ils s'éloignent de l'enfant et espèrent que celui-ci pense, trouve et réalise l'activité par lui-même. Dans tous les apprentissages, les enseignants doivent *faire avec* leurs élèves. Quand un élève est en autonomie, il n'apprend pas ; il fait autre chose.

«Pour apprendre, il faut se heurter à des obstacles cognitifs à la fois réels et surmontables[1].» Autrement dit, pour apprendre, l'élève résout des problèmes ou bien travaille avec le maître.

---
[1] Perrenoud, P. (2002). Dix principes pour rendre le système éducatif plus efficace.

LA STRUCTURATION COGNITIVE, C'EST FACILE

Connaissez-vous les six manières d'étayer les apprentissages ?

Je dois faire un aveu. Je n'ai jamais su, pendant mes dix premières années de carrière d'enseignant, ce que je pouvais faire des commentaires des enfants au retour des congés de Noël.

Le matin de la reprise, je me sentais obligé d'écouter chaque enfant raconter son vécu durant les vacances. «*Et moi, ma mamie elle est venue chez nous... et moi, mon tonton il m'a donné un robot... et moi, j'ai fait du vélo au bord du canal, etc.*» Après quarante-cinq minutes d'écoute bienveillante et laborieuse, je finissais par dire : «*Bon, maintenant, et si on travaillait !*» Il me paraissait humainement important d'écouter les enfants, mais ce temps me semblait inutile au regard des enseignements obligatoires, nombreux. J'avais tout faux !

Deux auteurs, Gallimore et Tharp[1] donnent six moyens d'assistance en zone proximale de développement ; c'est-à-dire, les six angles d'approche pour travailler en zpd : poser des questions, donner de la rétroaction, renforcer les bonnes réponses, proposer d'imiter, donner directement un enseignement et aider à la structuration cognitive. Ce dernier point est d'un intérêt majeur, c'est effectivement celui qui me faisait défaut.

Lorsque les discussions partent dans tous les sens avec les élèves, on peut toujours leur dire : «*Quelles sont les deux catégories qui ressortent de vos commentaires ?*» Les élèves cogitent. A partir de leurs réflexions, on peut mettre en catégories. Par exemple, il y a tous les enfants qui ont reçu des cadeaux et ceux qui ont fait une sortie. Cette approche contribue à la structuration cognitive. Cette compétence qui se développe s'avère utile quand on aborde les groupes des verbes, la nature des mots, etc. Cerise sur le gâteau, le maître qui agit en ce sens agit forcément en zone proximale de développement ; il a ainsi l'assurance que ses élèves sont en situation authentique d'apprentissage. Six moyens d'assistance en zpd, c'est facile à retenir.

---

[1] Gallimore, R. & Tharp, R. (1999). Teaching mind in society

IMITATION : BONNE OU MAUVAISE CHOSE ?

> *Beaucoup de comportements s'expliquent par la persuasion sociale.*

Avec ma classe de niveau élémentaire, je bénéficiais chaque semaine d'un créneau à la bibliothèque municipale. Les enfants appréciaient cette activité. Sauf que j'avais régulièrement un petit problème.

Avant de me rendre à la bibliothèque, je demandais systématiquement à mes élèves de chuchoter ; mais comme la bibliothécaire parlait fort, les enfants avaient tendance à faire comme elle ; en conséquence, je devais recadrer très souvent et, vers la fin, les élèves étaient souvent agités et bruyants.

L'enfant apprend par imitation. J'avais donc un problème à la bibliothèque, car il ne fallait pas, dans ce contexte, que les élèves agissent par imitation. Pour un adulte, la dissociation est facile, mais pour un enfant, le simple fait que la bibliothécaire parle fort constituait une autorisation, voire une incitation à faire de même. L'imitation est un ressort puissant.

Pour aider les enfants à la dissociation, on peut leur proposer des jeux provocateurs. Par exemple, lorsque le maître fait un geste, les élèves doivent faire l'opposé : si le maître s'assoit, les élèves doivent se lever ; s'il se lève, les enfants doivent s'asseoir, etc. Les enfants doivent pouvoir faire *pareil* et *ne pas faire pareil*. Pour entraîner le *faire pareil*, on peut, sur une musique, demander aux élèves d'imiter les gestes d'un enfant leader qui produit des gestes autonomes à l'avant de la classe. Si deux enfants sont leaders en même temps, les élèves choisissent qui ils imitent ; cela fournit en outre à l'enseignant un précieux renseignement : quels sont les élèves que les enfants préfèrent imiter ? Autre jeu, on peut fabriquer des affichettes : le mot jaune est écrit en vert, le mot bleu en rouge, etc. Les enfants doivent prononcer le nom de la couleur (ex. *rouge*) alors que le maître montre le mot *bleu* ; ensuite on inverse.

Dans la vie, il y a deux sortes d'imitation : l'imitation servile et l'imitation favorisant un vrai apprentissage. Il faut choisir.

Négocier pour éviter le passage en force

> *Si vous aviez apppris à négocier à l'école, en seriez-vous là aujourd'hui ?*

J'ai été sollicité, le 19 décembre 2008, par deux de mes élèves qui vivaient un conflit : Anthony CM2 et Benjamin CE2. Il y avait mésentente entre eux pour des cartes de jeux. Comme il n'y avait pas de violence physique, je leur ai proposé de tenter de régler eux-mêmes ce conflit et de revenir me voir ensuite. Pour les aider, je leur ai suggéré d'essayer de négocier entre eux sur la base de ces trois conseils : *«Dans une négociation, on n'est pas obligé de décider rapidement, prenez votre temps, sinon vous risquez de vous faire rouler ; deuxièmement, il faut que vous donniez de vrais arguments, vous ne devez pas simplement chouiner ; enfin, vous devez écouter l'autre et vous faire respecter en retour.»*

Le résultat est intéressant. A la fin, Anthony a obtenu six cartes contre une et les deux protagonistes semblaient très satisfaits. Je suis étonné, mais visiblement le système a fonctionné. Le tout avait démarré par un conflit sévère entre eux ; là, vingt minutes plus tard, satisfaction complète.

Les critères étaient : prendre son temps, argumenter, respecter. Finalement, de jeunes enfants ont réussi à jouer le jeu. Cette stratégie fut utilisée fréquemment par la suite. Mes élèves sont devenus de vrais négociateurs. C'était devenu un jeu pour eux.

A ce stade, je tiens cependant à préciser que cette stratégie n'a rien à voir avec ce que l'on voit parfois dans certaines écoles. J'ai été témoin de collègues enseignants qui ne jouaient pas leur rôle d'éducateur ; dès que deux élèves, en conflit, venaient vers eux, ils répondaient : *«Réglez le problème entre vous»*, comme si cela avait une valeur pédagogique. Erreur ! J'ai connu un directeur arrivant dans une école où la violence était quotidienne. Son premier jour de classe est inauguré par un coup de poing reçu par un enfant qui s'est trouvé assommé sur un mur de brique. Le directeur a incité ses élèves à discuter, négocier, respecter, écouter, argumenter. Ils s'y sont appliqués. Trois mois plus tard, plus une seule bagarre dans son école.

Ne leur faites pas avaler de la farine

> *Le programme scolaire, c'est un meuble en kit ; il faut le monter.*

Au début de ma carrière d'enseignant, j'enseignais. Normal, direz-vous ! Eh bien pas tout à fait. Prenons l'exemple de l'achat d'une perceuse. Choisit-on une perceuse parce qu'elle perce des trous ? Eh bien non ! Notre choix portera sur le prix, la prise en main, la couleur, la batterie, le coffre de rangement et... incidemment, parce que l'objet permet de percer des trous. Il en est de même pour l'enseignement du programme.

On s'attend à ce qu'un enseignant enseigne, corrige, explique, démontre, etc. Certes, cela reste à faire ; mais l'essentiel, c'est de motiver les élèves avec la magie d'un meuble monté plutôt que la présentation de toutes les pièces détachées éparpillées au sol. Le bon enseignant *donne du sens* aux apprentissages.

Deux auteurs, Blank & White[1], apportent un éclairage sur le sujet. Ils rappellent que le quotidien, banal, loin de favoriser les apprentissages, peut créer des blocages chez certains élèves. L'univers du connu rassure, mais sans la projection du *meuble monté*, il peut également ennuyer.

Blank & White suggèrent de privilégier *the unfamiliar*. A leurs yeux, ce qui compte, c'est le désir d'apprendre des contenus nouveaux. A trop vouloir focaliser sur des apprentissages morcelés et simplement liés à la vie de l'élève, on peut laisser des élèves au bord de la route. Le désir du produit réel, la surprise, la magie sont des emballages essentiels.

Ce n'est pas une dictée que nous faisons, c'est un courrier au député que nous préparons ; ce ne sont pas des additions que nous faisons, ce sont des achats de matériel sportif avec l'argent de la coopérative.

Les programmes officiels ne fournissent que *des ingrédients*. Ne les servons pas tels quels. Fait-on avaler du sel, des oeufs, de la farine ou du beurre à des élèves ? Non, ils préfèrent tous une vraie recette : un bon gâteau !

---

[1] Blank, M. & White, S. (1999). Activating the zpd in school, p336

COMMENT AVOIR UNE CLASSE FACILE À GÉRER

> *Les productions collectives facilitent la gestion de classe.*

Le 23 janvier 2008, je rassemble mes élèves dans un espace libre de la classe. Ils s'assoient par terre et je leur dis : «*Voici devant nous vingt-sept feuilles blanches. Nous avons comme projet d'en faire une oeuvre contemporaine, mais je ne sais trop par quel bout commencer ; j'ai vraiment besoin de vous.*» J'ai senti que les enfants prenaient ma proposition au sérieux ; j'étais sincère. Je sentais qu'ils m'écoutaient vraiment.

Les enfants ont émis des idées et nous avons finalement décidé, après une phase d'hésitation, que nous allions poser un pied ou une main dans la peinture et appliquer nos empreintes sur les feuilles blanches avant d'assembler le tout. Les enfants se sentaient stimulés par cette création. J'essayais vraiment de comprendre leurs idées et je gardais le cap des opérations en notant au tableau les pistes de travail. Lorsque les parents ont vu notre production terminée, rassemblée et accrochée dans la classe, ils ont été très touchés. Les enfants étaient fiers de ce travail collectif qui symbolisait notre vivre ensemble.

Il y a une énergie particulière dans ce type de démarche ; l'intensité est très différente des situations d'apprentissages centrées sur les enfants. Les enseignements traditionnels offrent de nombreuses occasions pour l'enseignant de se mettre au niveau de l'élève, tout en conservant sa responsabilité de meneur. Les arts sont particulièrement propices à ce type d'engagement où, finalement, l'enseignant devient un *passeur culturel*[1].

Dans ce type d'évènements, l'enfant ne travaille pas uniquement pour ses apprentissages, mais aussi pour le groupe. Il sait qu'il peut faire oeuvre utile. Le maître ne sait pas tout... donc ils l'écoutent. Le groupe se construit. Pour cela, il faut prendre en compte, authentiquement, les idées des élèves. Les enfants mobilisent leur sens des responsabilités lorsqu'ils peuvent contribuer à résoudre un vrai problème. Le travail en collectif crée du lien social et facilite la gestion du groupe.

---

[1] Zakhartchouk, J.M. (1999). L'enseignant, un passeur culturel. Paris : ESF

TIRER PROFIT DE LA DYNAMIQUE DE GROUPE

> *Et si on prenait exemple sur l'homme préhistorique pour une fois ?*

Pour obtenir que mes élèves en CE1 se mettent en rangs correctement dans le couloir, je leur disais ceci : «*Je ferme les yeux, je compte jusqu'à trois et je vois qui n'est pas dans son rang.*» A tous les coups, mes élèves se faisaient un grand plaisir de *me faire perdre*. Je simulais, dans ces moments, que je finirais bien par les avoir...

Le jeu a ceci de fantastique qu'il recèle un *en-jeu*. Dans l'exemple ci-dessus, on aura vite compris que le maître lançait un défi à toute la classe et s'efforçait de perdre. La dynamique de groupe solidarise les élèves entre eux et leur donne envie de réussir collectivement. Il faut savoir s'appuyer sur la classe entière pour obtenir que tous aillent dans le sens souhaité par le maître. Ce n'est pas seulement une question d'individus à contrôler.

D'une manière générale, le groupe représente une charge pour l'enseignant ; d'où la demande récurrente d'avoir des effectifs réduits. Cela traduit malheureusement un mauvais usage du groupe. Si on traite individuellement les problèmes, il est clair que moins on a d'individus, moins on a de problèmes. En revanche, si on considère que le groupe permet de réaliser des performances supérieures, on préférera avoir un groupe significatif. Par exemple, pour un spectacle de danse, une pièce de théâtre ou l'organisation de matchs sportifs, il est avantageux d'avoir un grand groupe. Ceci est valable aussi pour le reste.

Le bon enseignant est celui qui met en place une méthode d'enseignement qui tire profit d'un grand groupe, que ce soit pour les sciences, le français ou les mathématiques. Par exemple, pour réaliser un journal, mieux vaut plusieurs contributeurs qu'un seul ; pour construire la maquette d'un village, un grand nombre de petites mains sera apprécié. Pour une fresque collective, la production impressionnera davantage si elle est immense. L'homme préhistorique voyait un avantage au clan.

L'HÉTÉROGÉNÉITÉ, C'EST UNE CHANCE ?

> *En souffrir ou en tirer profit, c'est au choix.*

J'ai toujours été étonné par cette expression que certains enseignants utilisent parfois dans les écoles : «*J'ai un niveau pur*». Chaque fois qu'un enseignant utilise cette formulation, je lui demande ce que serait, par exemple, un CE2 *impur*. Cette tendance à désigner ainsi un niveau unique peut s'entendre, même si je ne suis pas d'accord avec ce que cela sous-entend.

Derrière cet attrait pour un *niveau pur*, les enseignants expriment une forme de désarroi face à l'hétérogénéité des élèves. Luc Prudhomme[1] identifie plusieurs stades dans la prise en compte de l'hétérogénéité. Prenant appui sur ses écrits, on peut imaginer quatre niveaux : le premier stade concerne l'enseignant qui craint les différences ; cet enseignant cherche à éviter toute forme de mixité et espère gérer des *niveaux purs*. Le deuxième stade correspond à une forme d'indifférence ; l'enseignant est à l'aise avec tout groupe, peu importe les niveaux ou les provenances ; il assume les différences qui n'ont, à ses yeux, rien de négatif. Au troisième stade, l'enseignant considère qu'il y a des avantages à enseigner dans des classes arc-en-ciel ; non seulement, il sait s'en accommoder, il en tire même quelque profit occasionnel. Enfin, au quatrième stade, développement le plus élevé, l'enseignant recherche ardemment l'hétérogénéité ; celle-ci devient l'essence de son activité, il la désire et en tire la quintessence. A ce quatrième niveau, les différences inter-individuelles deviennent des plus-values pour l'ensemble des activités.

En tout début de carrière, je me souviens avoir été en manque d'hétérogénéité. En effet, j'enseignais dans le Charollais et je n'avais que douze élèves de cycle III. Avec quatre CM2 seulement, je peux certifier que l'émulation faisait défaut. Cette expérience vécue dans une toute petite école de campagne m'a fait apprécier la diversité que l'on peut trouver dans les classes plus chargées, là où les talents sont plus nombreux.

---

[1] Prud'homme, L. (2005). Thèse sur la différenciation pédagogique

LA PÉDAGOGIE DU SOURCIL

> *Comment s'assurer que l'élève s'approprie vraiment le problème.*

Ce 10 février 2009, j'explique à Pierre que la virgule n'est pas une apostrophe ; elle doit reposer sur la ligne. J'adopte un ton ferme, car je sais que Pierre est apte à appliquer cette règle ; j'ai vraiment le sentiment qu'il ne déploie pas l'effort nécessaire.

Après ma remontrance bienveillante, Pierre va à sa place et revient... avec sa virgule placée au niveau de l'apostrophe ! Je fronce le sourcil et, finalement, Pierre revient me montrer pour la quatrième fois un cahier avec, enfin, une virgule posée au bon endroit. J'en conclus à cette époque que l'élève a enfin compris mes explications. Hum !

En réalité, Pierre s'est simplement adapté à mes réactions successives et il a fini par trouver le geste qui satisfaisait la relation pédagogique entre lui et moi. Avec le recul, je ne pense pas que Pierre se soit vraiment approprié l'endroit où il convient de mettre la virgule. J'incline à croire qu'il a plutôt trouvé la réponse par essais / erreurs. Mes explications y sont pour peu de choses ; mon attitude de bienveillante fermeté a probablement constitué le fil conducteur de sa prise de conscience. Cette pédagogie du sourcil s'appelle également l'effet Topaze[1].

Pierre n'a pas compris, au sens noble du terme, ce que je cherchais à lui enseigner. Il a simplement trouvé une réponse fonctionnelle ; il s'est adapté à la situation. Il est malin.

Cette anecdote amène à réfléchir sur la réalité des situations pédagogiques. Il y a beaucoup d'illusions dans cet acharnement à expliquer aux enfants pour qu'ils comprennent. A la fin, il y a risque que les élèves s'orientent sur le seul sourcil du maître ou de la maîtresse.

D'où l'importance, pour un enseignant, de distinguer les situations où il *fait avec* l'élève, ceci étant souhaitable, et celles où il *fait à la place de* l'élève.

---

[1] Brousseau, G. et al. (1998). Théorie des situations didactiques

EXPLICITER RÉTABLIT L'ÉGALITÉ DES CHANCES

> *Pour réussir à l'école, faut-il être bon en devinettes ?*

Patrick, un excellent formateur de l'ifé[1], me disait un jour : «*Comment veux-tu qu'un élève fasse la différence entre découper une image avec précision et découper une image à coller dans une case de tableau à double entrée ?*» Dans le premier cas, c'est la précision du geste qui compte ; dans le second cas, l'enseignante espère plutôt que l'enfant collera la vignette dans la bonne case. Dans la dernière situation, la maîtresse se préoccupe fort peu de la précision du découpage. Mais l'élève suppose toujours qu'il est dans une activité de motricité et qu'il lui faut porter un maximum d'attention aux traits de découpe.

Les messages de l'enseignant méritent toujours d'être explicités. Cela signifie qu'il faut non seulement expliquer la tâche, mais aussi les enjeux. L'enfant doit comprendre l'objectif réel qui est attendu de lui ; autrement, il peut se lancer un défi élevé, mais qui n'est pas attendu par le maître.

Les recherches des dernières décennies nous sensibilisent à la vigilance. L'enseignant est invité à s'interroger sur l'aspect implicite de ses messages en direction des élèves. Blank & White[2] rappellent que l'école est une institution basée sur le langage. Ce qui suppose de la part des élèves une capacité à extraire du sens à partir du discours de leur enseignant.

Un élève passe beaucoup de temps à décoder l'implicite. Certes, l'enseignant sait où il va dans ses activités, il est au clair avec lui-même ; mais l'élève est constamment confronté à une série de demandes implicites non formulées. Peut-il écrire rapidement, doit-il apporter un soin particulier à son écriture ? Il n'en sait rien. L'élève utilise souvent la technique du sourcil : il scrute le langage silencieux de l'enseignant : regard, respiration, ton, voix, signes de tête. A l'évidence, certains élèves sont plus doués que d'autres pour jouer aux devinettes. Expliciter comment devenir élève a pour effet d'équilibrer les chances.

---

[1] ifé : Institut français de l'Éducation, un institut interne de l'ENS de Lyon
[2] Blank, M. & White, S. (1999). Activating zone of proximal development in school (p.338)

Madame, votre enfant est électrique !

> *Le risque de tomber dans le piège de la familiarité.*

Murielle, une enseignante de maternelle, dit à la maman de Damien : «*Votre fils est électrique, en ce moment.*» La mère, vexée, rougit et se met presque en colère. L'enseignante ne comprend pas ; elle a cru prendre des précautions en formulant calmement son observation. En réalité, la maîtresse n'a pas dit la moitié de ce qu'elle pensait à la mère ; elle n'en pouvait plus de Damien ! Comment analyser cette situation ?

Ici, il y a ambiguïté quant à la professionnalité. Lorsqu'un parent va chez le médecin avec son enfant, il repart avec un diagnostic et une prescription. Le problème est que la maman est bien en peine d'imaginer concrètement ce que son fils peut faire pour être déclaré *électrique* ; pourquoi pas thermique ou nucléaire ? Dans cette situation, la maîtresse semble évacuer le trop plein d'agitation sur le milieu familial. Dans la réalité, la vraie professionnelle de la classe, c'est la maîtresse et le problème ne peut être réglé qu'en classe. On peut penser que l'enseignante aurait eu intérêt à formuler un diagnostic à la maman, du style : «*Damien parle fort et s'est levé cinq fois durant l'activité de graphisme.*» Ensuite, elle aurait pu proposer la prescription suivante : «*Croyez-vous que ce serait utile que vous rappeliez à Damien que le silence est important durant les activités d'écriture ? Je sais qu'il vous écoute et cela peut l'inciter à mieux s'engager dans ses apprentissages.*» Agissant de la sorte, l'enseignante montre qu'elle souhaite garder la maîtrise de la classe, que l'enfant peut progresser, que la mère peut y contribuer, qu'elle sait poser un diagnostic et qu'elle est à même de suggérer des solutions.

Nous pouvons tous comprendre Murielle, la maîtresse, qui ploie sous le poids des responsabilités liées à la classe ; ceci est une raison supplémentaire pour être vigilante sur sa pratique professionnelle. Murielle a tout intérêt à rester *maître* de sa communication avec les parents. Les parents ont confiance en l'école et s'attendent toujours à y trouver des professionnels.

Donner plus de choix aux élèves

> *Tout ce qui n'est pas nécessaire n'a pas de caractère obligatoire.*

Apprendre ne signifie pas que l'on doive être dans un statut d'exécutant permanent. Dans certaines classes, les élèves sont soumis à un grand nombre de consignes. Dès lors, comment peut-on espérer que ces enfants finissent par développer des compétences en autonomie ? Il est important que l'enfant prenne des décisions ; cela suppose des espaces de liberté ; cela débouche sur de l'engagement.

A mes propres enfants, je demandais : «*Tu te couches maintenant ou dans 10 minutes ?*» Lorsque j'étais enseignant au primaire : «*Tu fais ton exercice de français maintenant ou après la récréation ?*» Certes, on pourra dire qu'il y avait un peu de manipulation, mais au moins, l'enfant pouvait se prononcer sur de petits morceaux de sa propre existence. J'ai retenu un principe de Freinet[1] : les personnes préfèrent choisir.

En général, l'efficacité d'un groupe passe par quelques règles d'obéissance et de discipline. Mais il apparaît clairement que l'on pourrait faire une plus large place aux choix collectifs et individuels des élèves : pour les récréations, les emplois du temps, les activités en classe, les espaces, les leçons, etc.

Voici des exemples de choix que l'on peut laisser aux élèves sans que cela ne remette en cause l'organisation générale d'une classe : dans une activité de mathématiques, l'enseignant peut demander à ses élèves de choisir trois problèmes parmi les cinq proposés ; choisir sa place dans la classe ; choisir à quel moment faire la conjugaison ; choisir sa poésie de la semaine ; choisir la table de multiplication à mémoriser, etc.

Le piège pour un enseignant, c'est d'être conservateur ; comme on a appris étant jeune, on enseigne à l'identique à nos élèves. Les enseignants cherchent à donner le meilleur d'eux-mêmes. Ils pourraient se faire davantage confiance. Si une exigence n'est pas nécessaire, on peut la transformer en choix.

---

[1] Freinet, C. (1964). Les invariants pédagogiques

Comment devenir plus efficace

> *Voir faire stimule les mêmes zones de notre cerveau que si l'on faisait.*

Au cours de ma dernière année d'enseignement au primaire, j'ai découvert l'enseignement vicariant[1]. Qu'est-ce à dire ?

Dans le cadre d'une leçon qui s'adresse à toute la classe, j'interroge Angélique, une petite rouquine de 7 ans, sur la nature d'un mot ; celle-ci hésite à répondre. Je me retourne alors vers Baptiste et je lui demande : «*Quelle question est-ce que je viens de TE poser ?*» Les yeux grand ouverts, Baptiste, qui était dans mon dos, reste bouche bée ; il ne se sentait pas concerné par la question ; pourtant, il l'avait parfaitement entendue, mais comme je ne m'étais pas adressé spécifiquement à lui, il ne l'avait pas intégrée. L'attitude de Baptiste est symptomatique de beaucoup d'élèves et tout particulièrement des 25%[2] qui peinent à suivre le rythme des apprentissages.

J'ai compris, tardivement hélas, tout l'intérêt qu'il y avait à demander sporadiquement à un élève quelle était la question que je venais de LUI poser, alors que j'interrogeais un de ses camarades. Cette attitude de ma part a exhaussé le niveau de vigilance des élèves. Un enseignant ne peut pas faire d'enseignement individualisé. Il y a un seul maître, certes, mais il s'adresse simultanément à tous. En réalité, les enfants qui réussissent facilement sont justement ceux qui ont compris ce principe dès le CP. Il faut donc équilibrer les chances en suscitant cette qualité chez ceux qui ne l'ont pas acquise spontanément.

Les compétences attentionnelles ne sont pas un don. Ce sont des qualités qui se construisent grâce aux enseignants. Tous les enfants sont éducables, c'est-à-dire qu'ils peuvent migrer vers un plus-être. Chaque enfant peut tirer profit d'un enseignement vicariant, c'est-à-dire : regarder faire, écouter ceux qui savent faire, ou encore, analyser les méthodes de ceux qui réussissent. Se représenter une action équivaut à la faire.[3]

---

[1] Bandura, A. (1976). L'apprentissage social
[2] Ministère de l'Education nationale. (2018). Etat de l'école. N°28, p44
[3] Heath, C. & D. (2007). Made to Stick. N.Y. : Random House, p213

NE TE DISCRÉDITE PAS TOI-MÊME

> *Eviter de juger sur la seule base du silence d'un élève.*

En tout début de carrière, il m'est arrivé de dire à des élèves qu'ils n'avaient pas appris leur leçon lorsqu'ils ne répondaient pas correctement à une question que je leur posais. Quelle erreur de ma part !

En effet, on n'en sait rien. On peut trouver plusieurs explications au fait qu'un enfant ne réponde pas à une question : il est peut-être stressé, il a peut-être oublié entre temps, il est peut-être timide, peut-être ignore-t-il vraiment la réponse, etc. En aucun cas, je ne peux affirmer : «*Tu n'as pas appris ta leçon.*» En son for intérieur, l'enfant sait si oui ou non il a appris sa leçon ; dès lors, si l'enseignant porte un jugement erroné, il vient de perdre du crédit, c'est-à-dire la confiance de l'enfant.

En tout temps, l'enseignant a intérêt à suspendre son jugement. Ce faisant, il se met en posture de mieux comprendre la situation vécue par l'élève. Un enseignant peut dire : «*Je constate que tu ne réponds pas à la question de la leçon. Est-ce que tu souhaites me dire quelque chose ? Qu'est-ce que tu aimerais que je comprenne ?*» Quelle que soit l'attitude de l'enfant, une chose est sûre : *tout élève pense*. Bien malin celui qui pourra révéler ce qui se cache dans cette boîte noire enfantine. L'enseignant sera bien inspiré de chercher à comprendre en permanence, quitte à formuler lui-même des hypothèses de réponses pour faciliter l'expression verbale de l'enfant.

Les neurosciences[1] nous ont sensibilisés au fait qu'il y avait dissociation entre *produire* une réponse et *savoir* une réponse. «*Lorsque par exemple, on lui demande de résoudre l'opération 4+5, il dit huit, il écrit 5 ; mais il choisit à choix multiples la réponse correcte.*» En clair, les neurosciences nous invitent à la prudence : une personne peut connaître une réponse sans pouvoir la produire ; la suspension du jugement permet d'éviter des conclusions erronées ; la prudence dans nos remarques évite d'altérer le climat de confiance.

---

[1] Seron, X. (2007). La neuropsychologie cognitive, PUF, Que sais-je N° 2754, p78

La tentation de la moralisation

> *Un vrai chant de sirènes : entrer par la fenêtre de la morale.*

En juin 2012, j'ai mené une inspection en élémentaire auprès d'une enseignante qui avait décidé de me présenter une leçon d'EPS. A un moment, je l'entends dire à ses élèves qui chahutaient un peu : «*Vous savez très bien qu'il est interdit de courir sous le préau.*» En disant cette phrase, elle prend subitement conscience d'un point dont elle a tenu à me faire part au cours de l'entretien qui a suivi. La finesse de son analyse m'a bluffé.

Elle m'a dit en effet qu'elle avait réalisé, en situation, que sa phrase constituait une sorte de moralisation. Je ne comprenais pas trop ce qu'elle voulait dire. Et finalement, j'ai souscrit à son point de vue. Elle était effectivement passée par une règle en vue d'obtenir un comportement. Par ce mode de fonctionnement, un enseignant se positionne hors de la pédagogie ; il est dans une forme subtile de coercition. C'est un peu comme si un enseignant mettait une pression grammaticale sur ses élèves pour obtenir une meilleure orthographe. Ce ne sont pas les règles qui font l'orthographe ; c'est au contraire la bonne orthographe qui fait les règles. Pour en revenir à l'enseignante : c'est lorsque les enfants ne courent pas sous le préau que l'on peut cautionner le fait qu'ils respectent la règle. Pas l'inverse.

Il n'y a pas lieu d'utiliser les règles pour obtenir ce que l'on attend des enfants. Notre travail est pédagogique, donc affaire de construction ; aussi bien la notion de nombre, l'histoire, les comportements civiques, l'accord du sujet avec le verbe, etc.

La noblesse du métier d'enseignant, c'est d'affranchir, c'est-à-dire d'*éduquer*, conduire ailleurs ; aussi faut-il résister à la tentation d'entrer par le truchement des règles pour obtenir des résultats ; c'est une tentation permanente. Ce sont les règles que l'on construit et non pas les règles qui construisent. C'est lorsqu'elles sont appliquées que l'on peut dire aux enfants : «*Bravo ! je vois que vous respectez maintenant une règle importante ; je constate que personne ne court sous le préau*».

ECRIRE SINON RIEN !

> *Parler est naturel, alors qu'écrire ne peut s'apprendre que formellement.*

Vygotski[1] rappelle à quel point l'écrit doit faire l'objet de toutes nos attentions à l'école : « *Le langage écrit est la forme de langage la plus prolixe, la plus précise et la plus développée.* »

Cette affirmation devrait conduire tous les enseignants à garder en ligne de mire le domaine majeur qu'est l'écrit. Il est presque impensable qu'une seule journée scolaire puisse se dérouler sans que les élèves ne produisent un écrit. Tous les jours, les enfants doivent être accompagnés dans l'écriture ; cela, dans toutes les matières. Ce dernier point n'est pas une charge supplémentaire, au contraire, c'est un atout.

Les formes d'écriture sont nombreuses. L'écrit peut être autonome dans le cadre d'une rédaction ; il peut prendre la forme d'une dictée ; il peut être imité dans le cas d'un résumé au tableau ; ce peut être une auto-dictée, une dictée à l'adulte ; on peut écrire *à la manière de* ; l'élève peut compléter des textes déjà amorcés par le maître ; donner des titres à ses propres dessins ; il peut écrire cinq verbes qui sont en rapport avec l'activité sportive qui vient de se dérouler ; écrire les trois adjectifs qui résumeraient sa journée, etc. On le voit, écrire ne signifie pas être seul, à rédiger des comptes rendus de sorties. Ecrire, ce peut être un seul mot, en solitaire ou à plusieurs, avec ou sans appui.

Ce qui compte le plus, c'est que l'apprentissage soit *étayé* par le maître, car une idée en tête ne se couche pas d'elle-même sur le papier. L'enseignant est toujours présent, car l'écrit ne traduit la pensée que de manière réfractée. Le langage intérieur n'est pas de l'écrit ; rédiger, c'est soulever une montagne.

Ecrire, c'est magique. L'élève qui écrit est forcément silencieux ; il doit se concentrer ; il ne peut rien faire d'autre simultanément. Ecrire exige d'être conscient ; en retour, le fait d'écrire rend l'enfant plus conscient de ses potentialités.

---

[1] Vygotski, L. (1997). Pensée et langage, p. 471

COMMENT SUSCITER DE L'ENGAGEMENT

> *Ne pas être aveugle, mais savoir fermer un peu les yeux.*

Un collègue enseignant me disait : «*Moi, quand je veux caresser un petit chat, je lui apporte un bol de lait... et je recule.*»
Tous les enseignants souhaitent que leurs élèves fassent preuve d'engagement dans leur scolarité. Hélas, on a parfois l'impression que, plus on court après l'élève, plus il se sauve. Et si on appliquait la technique du bol de lait ? C'est-à-dire y aller progressivement. La revue *Le cercle psy*[1] présente une approche qui a fait ses preuves, c'est la théorie de l'engagement.

Le principe est simple : si un individu s'engage, même timidement, plus la probabilité de produire un acte similaire augmente dans le futur. Des recherches ont montré en effet que des passants donnent plus facilement de l'argent à un conducteur qui dit ne pas avoir de monnaie pour son stationnement si ce conducteur a commencé par leur demander l'heure. Incroyable, mais le fait d'avoir donné un peu incite un donateur à donner plus lorsqu'il est sollicité à nouveau. C'est un fonctionnement psychologique normal, cela amorce le comportement. Dès lors, comment susciter de l'engagement en classe ?

Il faut impliquer graduellement les élèves dans les tâches scolaires. Les enseignants sont tellement consciencieux qu'ils ont parfois tendance à ne pas faire de concessions. Ils découpent le programme en parts égales, et hop ! on avance. Cela peut rebuter certains enfants. Dans toutes les classes, on peut voir des élèves installés dans un statut d'échec. Ils ont perdu l'estime de soi. L'enseignant ne gagne rien à baisser les bras. Il faut demander aux élèves de s'engager, même très modestement.

Par exemple, lire une page plutôt qu'un chapitre ; ou bien rendre un service utile, etc. Ne cibler qu'un seul élément à la fois. Ne surtout pas s'attaquer à l'ensemble. Un seul point d'amélioration, mais on ne lâche rien. Reculer d'un pas, c'est parfois la meilleure façon d'avancer.

---

[1] Guéguen, N. (2017). Le pied dans la porte. Le cercle psy. Hors-série numéro 6, pp 70-73

COMMENT FIXER UN BON OBJECTIF ?

> *Une curiosité de l'école : l'intéressant n'est pas dans ce que fait l'enfant.*

Soucieux de bien gérer leur classe, les enseignants débutants élaborent de nombreux objectifs pour leurs leçons. Pour certains, cela semble toutefois superflu ; ils se contentent de décliner uniquement la tâche. Voici quelques conseils permettant de formuler simplement et efficacement des objectifs.

En tant qu'inspecteur, j'ai vu des préparations de classe où les objectifs pouvaient tenir une demi-page. Evidemment, c'est trop. Faut-il tout dire dans un objectif ? Non. Définir un objectif c'est dire simplement ce que la séance ne peut pas ne pas produire. La visée principale de l'objectif, c'est l'essence. Il ne sert à rien de chercher à décliner tout ce qui sera atteint.

En ciblant un seul objectif, simple, précis, l'enseignant a plus de chances de garder le cap de ses intentions. Imaginons que le souci de l'enseignant soit que les élèves alignent bien leurs chiffres, cela peut suffire ; cela ne l'empêchera pas de corriger les calculs, mais l'objectif constitue un filet de sécurité. En fin de journée, le maître pourra, dans un tableau, pointer ceux qui ont atteint l'objectif. Bien entendu, les retombées d'une séance vont toujours au-delà du seul objectif fixé. Mais celui-ci constitue le fil rouge, le point à ne pas perdre de vue.

Une ambigüité subsiste. On ne peut pas fixer comme objectif de réaliser une tâche. A l'école, la tâche n'est pas l'objectif. Tricot[1] le rappelle : «*A l'école, l'objectif n'est pas la tâche, contrairement aux apprentissages familiaux.*» Si le but d'une activité à l'école n'est pas la tâche, qu'est-ce donc ? C'est justement ce que la tâche permet d'apprendre. Il y a parfois confusion entre école et famille. A la maison, lorsqu'on apprend à marcher, c'est pour apprendre à marcher ; à l'école, lorsqu'on fait une dictée, ce n'est pas pour apprendre à faire des dictées.

Comment reconnaître un bon enseignant ? Celui-ci s'intéresse non pas à ce que l'enfant fait, mais à ce qu'il apprend.

---

[1] Tricot, A. (2014). Conférence à l'Espe de Montpellier, le 8 octobre

QUE PENSES-TU ÊTRE EN TRAIN DE FAIRE ?

> *Le plus important à l'école n'est pas de réussir ses exercices.*

Je demande à Paul, sept ans, d'écrire la suite de cette phrase : «*Julie est tombée parce que...* » Et Paul de me répondre : «*Mais comment veux-tu que j'écrive ensuite ce qui s'est passé avant ?*» Wow ! Voilà une remarque qui fait réfléchir. Paul manipule déjà le paradoxe. Ses enseignants ont du pain sur la planche.

L'école n'existe pas parce que les parents sont occupés à travailler ; l'école a été instituée parce que la société a besoin que l'on enseigne des savoirs de manière systématisée. André Tricot[1] rappelle que les humains sont capables d'apprendre de deux façons : de manière adaptative et de manière explicite. L'école est irremplaçable, car l'adaptatif familial ne peut fonctionner partout. D'où la nécessité d'apprentissages secondarisés. C'est ici que l'école entre en jeu. On demande aux élèves d'être conscients et de fournir des efforts volontaires. Dès lors, l'enseignement ne peut qu'être explicite, car la tâche n'est pas l'objet d'apprentissage. L'exercice n'est jamais le but.

Paul, du haut de ses sept ans, a commencé à comprendre que l'on peut écrire après ce qui s'est passé avant ; que le mot *chien* ne mord pas ; que le mot *cheval* n'est pas un animal. Je demande à Paul : «*Écris les nombres suivants : huit, un, trois.*» Je regarde sa feuille et je vois qu'il a écrit : 9, 2, 4. On aurait dit qu'il avait une longueur d'avance sur le maître.

Lorsqu'à la maison l'enfant s'exerce à faire du vélo, il est vraiment en train d'apprendre à faire du vélo ; lorsqu'à l'école l'élève souligne des verbes, il n'apprend pas à souligner des verbes ; il apprend à comprendre le sens d'une phrase. Bruner[2] confirme : « *J'ai longtemps soutenu qu'il ne suffit pas de décrire ce que fait l'enfant ; ce qui est désormais à l'ordre du jour, c'est de déterminer ce qu'il pense être en train de faire et pour quelles raisons il le fait.*» A l'école, la tâche est secondaire.

---

[1] Tricot, A. (2014). Conférence à l'Espe de Montpellier, le 8 octobre.
[2] Bruner, J. (1996). L'éducation, entrée dans la culture. p 69

ÉDUQUER À LA COMMUNICATON NON-VIOLENTE

> *Quand l'expression d'un besoin peut tout changer.*

Les bagarres entre élèves surviennent dans une très grande majorité d'écoles ; c'est un fait social. Mais éduquer consiste justement à accompagner le changement, à conduire plus loin.

Lors d'une émission de télévision, j'écoutais une journaliste qui interviewait un grand réalisateur. Ce dernier racontait comment, dans son film policier, il avait intégré un élément de formation professionnelle. Lorsqu'un policier veut qu'un gangster jette son arme, le policier ne doit pas dire : «*Monsieur, donnez-moi votre arme.*» Le gangster risque de se sentir agressé par ces paroles, avec des conséquences inattendues.

Qu'en est-il à l'école ? Pour développer des comportements non violents, on peut s'appuyer sur un auteur reconnu mondialement : Rosenberg[1]. Celui-ci est auteur de la CNV (communication non violente). Sa méthode est simple. Elle s'inspire de Rogers[2] qui a popularisé les dynamiques de groupe et le concept d'empathie. Prenant à son compte les recherches de Rogers, Rosenberg décline sa méthode en quatre temps. L'enseignant qui souhaite se référer à la CNV commence par rappeler les faits : «*Julien, je vois que tu discutes.*» En un second temps, il exprime ses sentiments : «*Je me sens contrarié.*» Ensuite, il formule un besoin : «*Julien, j'ai besoin que les élèves finissent rapidement l'activité, en silence.*» Enfin, il pose sa demande : «*Julien, tu veux bien te remettre au travail ?*»

Cette approche peut sembler laborieuse, mais le bénéfice est assuré. Certes, il y a un entraînement nécessaire. Tous peuvent s'engager dans cette voie, élèves, enseignants, parents.

Le policier souhaitant qu'un gangster lâche son pistolet dira : «*Monsieur, j'ai besoin que vous lâchiez votre arme.*» En clair, avant de formuler une demande, on exprime, au minimum, un besoin. Cela participe à la non-violence. C'est tout simple.

---

[1] Rosenberg, M. (2005). Les Mots sont des fenêtres. La découverte.
[2] Rogers, C. (1972). Liberté pour apprendre. Paris : Dunod

FAUTE AVOUÉE EST 100% PARDONNÉE

> *Tu veux en faire un menteur ? Oblige-le à te dire la vérité.*

Quelle ne fut pas ma surprise ce lundi matin, 1er octobre 2007, de voir sur le bureau de Mathias, élève de CE1, des marques de dents, oui, des marques de dents sur son bureau.

Très intrigué, je fonce dans la classe de ma collègue, Annie, qui avait eu mes élèves l'année précédente. Je lui demande si elle se souvenait de ces marques de l'année dernière. Elle n'en a pas eu connaissance. Il est vrai que les marques étaient très discrètes. Ma collègue directrice n'était pas, elle non plus, au courant de ce fait très particulier.

On pouvait voir, au moins, trente traces de dents qui marquaient le bois dur du bureau de Mathias. Ses camarades m'ont dit que Mathias, l'an dernier, de rage, mordait le coin de son bureau. On peut naturellement conclure de ceci que Mathias exprimait ses émotions physiquement. Cela m'amène à me remémorer l'avoir vu bousculer des camarades à une ou deux reprises.

Cette histoire de dents m'incite à poser la question à toute la classe : « *Au fait, qui se fait frapper parfois par Mathias ?* » Très spontanément, une dizaine de mains se lèvent. J'étais vraiment surpris, car je dois reconnaître que les coups se donnaient en toute discrétion et je n'en avais aperçu que quelques-uns.

Je propose à Mathias une rencontre en tête-à-tête. Mathias avoue les coups et me dit le regretter. Je le félicite. Attention ! Je ne le félicite pas pour les coups, mais pour sa franchise. Chaque fois qu'un enfant avoue une faute, je le félicite. Faute avouée est 100% pardonnée... mais je dis toujours à l'enfant que ce n'est pas la meilleure idée qu'il a eue. En toutes choses, je m'efforce de préserver la dignité de l'enfant.

Petit à petit, Mathias est devenu moins agressif. J'ai accepté de le suivre dans son cheminement émotionnel ; au plan intellectuel, il était très autonome. On ne sait jamais avec certitude comment agir avec ces enfants. Je pense sincèrement que tout le mérite lui revient ; je l'ai simplement accompagné.

Ramener à des procédures connues

> *Et si le recyclage pédagogique était aussi une bonne idée !*

Chaque fois que je revenais de la bibliothèque avec ma classe de cycle II, j'avais un problème. En effet, notre horaire nous faisait revenir en classe au moment de la récréation. Les élèves étaient tout contents, ils commençaient déjà à s'exciter, puis généralement, c'était la cohue : le ballon à récupérer, les cartes à jouer qu'il fallait sortir, etc. Cela me préoccupait d'autant que les sorties en récréation se déroulaient plutôt généralement bien. C'est Hélène, ma collègue directrice de l'école, et amie, qui m'a mis sur la piste d'une solution.

Elle m'a raconté cette anecdote de l'ingénieur à qui on avait demandé de décrire la procédure détaillée pour faire bouillir de l'eau. L'étudiant ingénieur répond : «*J'ouvre le tiroir, j'attrape la casserole, je la sors, je me dirige vers l'évier, j'ouvre le robinet, je remplis la casserole d'eau, je ferme le robinet, je reviens vers la cuisinière, je pose la casserole sur la plaque, j'allume le feu et j'attends l'ébullition.*» Le formateur le félicite, c'est très bien. Seconde question, mais cette fois on dit à l'étudiant que la casserole est sur la cuisinière. Il répond alors : «*J'attrape la casserole, je me dirige vers l'évier...* » On lui dit «*Stop !* » Vous commettez une erreur. L'étudiant ne comprend pas. Le tuteur réplique : «*Un ingénieur doit pouvoir recycler ses procédures.*» L'étudiant ne voit vraiment pas où le formateur veut en venir ; alors celui-ci donne la réponse : «*Prendre la casserole, ouvrir le tiroir, ranger la casserole, fermer le tiroir. Se reporter ensuite à la procédure précédente.*» Eh oui ! Il fallait ramener à la procédure précédente afin de limiter les instructions. Deux fois moins. En d'autres termes, il faut réinvestir les structures connues. Le même principe s'applique pour la gestion de classe. Il faut recycler tout ce qui a fait ses preuves. La solution pour les retours de bibliothèque était enfin trouvée.

Grâce à mon amie Hélène, j'ai ramené mes élèves à la procédure précédente. Ainsi, lorsque les élèves reviennent de la bibliothèque, plutôt que de leur dire «*Sortez en récré*», je leur dis:

«Entrez, asseyez-vous. Est-ce que quelqu'un a des remarques à faire sur l'activité ? Aucune, très bien. Comme d'habitude, à mon signal, vous vous mettez en rangs, calmement et silencieusement, etc.» Le truc, c'est la structure connue. Cela pose les élèves et les rassure.

La morale de cette histoire ? Un enseignant a vraiment intérêt à recycler tous les éléments qu'il a su construire avec les élèves. L'idée, c'est un peu un fonctionnement en mode *blocs Légo*®. La petite brique peut servir autant à fabriquer une voiture qu'à monter un vaisseau spatial. Dès lors, dès qu'un enseignant construit une brique pédagogique, il doit en tirer un maximum de rentabilité en termes d'apprentissage. Les enfants n'ont pas la pensée conceptuelle, ils voient le monde en unités séparées. C'est à l'enseignant de créer des liens.

Prenons l'exemple des sorties à l'extérieur de l'école. Pour un élève, la sortie pour la cantine, la sortie pour le stade et la sortie pour la piscine, ce sont des éléments distincts. Il revient à l'enseignant de pointer toutes les similitudes et d'inciter les élèves à maintenir les mêmes bons comportements.

Prenons aussi l'exemple de la présentation des cahiers. Il est intéressant de ne pas varier inutilement les présentations que ce soit en mathématiques, en français, en géographie, etc. Les enfants apprécient de pouvoir se référer à un seul modèle. Même, il est judicieux d'homogénéiser au niveau de toute l'école. Les élèves investissent un temps considérable uniquement à s'adapter à chaque enseignant : nom à droite une année, à gauche l'année d'après. Ces éléments de présentation devraient faire partie du projet d'école.

A un niveau plus élevé, on peut même inviter les élèves à créer des liens entre des activités apparemment étrangères l'une à l'autre. Prenons l'exemple d'opérations en mathématiques ; les enfants ont tendance à les agglutiner dans un recoin de la feuille. Et si on faisait un lien avec le sport ? Les enfants ont aussi tendance à s'agglutiner sur le ballon avec de grands espaces vierges tout autour.

Le recyclage pédagogique est un excellent moyen d'optimiser les apprentissages et peut s'avérer très efficace pour la gestion de classe.

Prendre en compte les émotions a l'école

> Un drôle d'intrus qui en voulait à mes élèves !

Ce 27 février 2009, j'étudiais les déterminants avec mes élèves de 7 ans. L'année avançait bien, tous avaient pris de bonnes habitudes de travail. J'avais une classe autonome.

Je démarre la leçon par une courte présentation de la tâche à exécuter. Je décide de pointer les équivalents pluriel/singulier de deux déterminants : *les* et *des*. Je leur dis : «Le singulier de *les*, c'est...». «C'est *le !*», répondent en choeur, les élèves. Bravo ! Sur cette bonne lancée, je poursuis : «Le singulier de *des* ?» Sans hésiter, ils crient presque : «C'est *de !*» Gloops ! Je n'avais pas vu venir le coup.

Je me suis ensuite enlisé dans une inextricable explication, car mes petits malins avaient trouvé que «les / le» sont associés et que, par analogie, «des / de» sont à mettre en parallèle. Problème ! Ca ne marche pas, car le mot *de* est évidemment une préposition ; le singulier de *des*, c'est *un*. J'avais le sentiment que plus j'expliquais, plus je compliquais la leçon.

A voir la figure déconfite de mes élèves, j'eus une idée. Je voyais bien que le rationnel était de peu d'utilité pour faire comprendre aux enfants que le mot *de* était un intrus. Comme ils aimaient jouer, je leur propose alors un scénario basé sur l'émotion.

Je leur dis que le mot *de* est un vilain intrus et qu'il doit bien rigoler de nous embêter dans cette leçon. Je leur propose de nous en débarrasser. L'ambiance de classe tourne alors à un jeu de rôles. Il faut évacuer ce fichu intrus qu'est *de*. Je distribue une feuille de papier à chacun des élèves et je leur explique que nous n'allons tout de même pas nous laisser berner par un petit intrus de deux lettres. Chaque élève écrit alors le mot *de* sur son bout de papier. Certains rajoutent un dessin pour bien montrer qu'ils n'ont pas peur de ce vilain intrus.

Les productions étant terminées, la classe décide de découper en mille morceaux le papier afin de détruire l'intrus. Certains le déchirent, d'autres le plient en tapant dessus, d'autres utilisent des ciseaux. A la suite de quoi, les élèves se dirigent à l'extérieur de la classe et jettent les centaines de morceaux dans la grande poubelle de la cour. Ceux qui le souhaitent peuvent même pousser un cri vers la clôture en hurlant des phrases du style : *«Tu es un intrus, le mot «de» n'aura pas notre peau.»*

Après cet épisode, fort en émotion, tous rentrent dans la classe, convaincus d'avoir réglé son compte à un vilain qui voulait s'introduire dans notre esprit. Les enfants étaient presque épuisés d'avoir dépensé toute cette énergie. Pour des enfants, tout est possible. Piaget[1] nous le rappelle, en disant que pour un enfant *«un caillou ne peut rien sentir, mais si on le déplace, il le sentira.»* Les enfants étaient sans doute persuadés que la préposition *de* avait senti leur énergie. Cette vilaine préposition ne reviendrait pas de sitôt ! Ils en étaient convaincus.

Dans un ouvrage qui vient de paraître, Mael Virat[2], chercheure en psychologie s'intéresse à la compréhension de la dimension affective impliquée dans la relation éducative. Elle invite à un changement profond des mentalités. *«Particulièrement en France, pays cérébral et rationnel qui prône une diffusion du savoir du haut vers le bas et pour lequel toute émotion et tout sentiment constituent une pollution. Il y a, poursuit l'auteure, plus de souplesse en Suisse, aux Etats-Unis et dans le nord de l'Europe, contrées partisanes d'une éducation qui invite l'élève à participer à l'acquisition de ses savoirs en y étant impliqué[3].»*

Cette auteure n'est pas la seule. Galimore & Tharp[4] insistent eux aussi sur l'émotion qu'ils estiment essentielle pour les apprentissages. Selon ces chercheurs, le travail effectif en zone proximale de développement consisterait précisément à se demander comment présenter des leçons qui engagent les élèves à travers une dimension émotionnelle.

Emotion et rationalité sont les deux facettes de l'école. Intégrer les émotions, ne signifie en aucun cas que l'on devienne irrationnel.

---

[1] Piaget, J. (2008). La représentation du monde chez l'enfant. Paris : Quadrige/Puf. p148
[2] Virat, M. (2019). Quand les profs aiment les élèves. Odile Jacob.
[3] Marie-Pierre Genecand (2019). https://www.letemps.ch/societe/enseignants-droit-daimer
[4] Gallimore, R. & Tharp, R. (1999). Teaching mind in society. p335

COMMENT DÉVELOPPER LA CONFIANCE EN SOI

> *Le meilleur professionnel de la classe, c'est l'enseignant !*

Lorsque j'enseignais en Saône-et-Loire, je me souviens de cette réunion de toute l'équipe de mon école avec une orthophoniste pour discuter de la meilleure approche à adopter pour accompagner un petit enfant autiste. J'ai pu mesurer à quel point l'humilité des enseignants en faisait des personnes qui manquent de confiance en eux. Et pourtant, d'une manière générale, ce sont de vrais professionnels aux qualités expertes.

Les enseignants éprouvent de la difficulté à se considérer eux-mêmes comme étant d'authentiques professionnels. Qu'est-ce qu'un professionnel ? C'est une personne ayant la capacité de mobiliser des compétences spécifiques dans un secteur donné. Pensons à un joueur de football, à un joueur de poker, à un comédien, à un avocat, à un joueur d'échecs professionnel ; nul ne conteste que le véritable professionnel est celui qui maîtrise le mieux la situation dans son propre domaine. Il s'agit d'assemblées d'experts où seuls les pairs sont en mesure d'avoir un discours horizontal sur la pratique des collègues. D'où l'existence de collèges ou d'ordres pour les avocats, les médecins.

Paradoxalement, de nombreux enseignants supposent que des professionnels leur sont supérieurs dans leur propre domaine d'expertise. Ceci est évidemment faux. Aucun psychologue, orthophoniste, psychomotricien, neuropsychiatre, formateur ni même un inspecteur ne sont mieux placés qu'un enseignant pour déterminer la conduite à tenir dans une situation spécifique de classe. Le meilleur professionnel pour la conduite d'une classe, c'est l'enseignant. Point.

Nul mieux qu'un enseignant n'est à même d'exécuter la tâche spécifique d'enseigner en contexte de classe. Ceci étant dit, il va de soi qu'il est toujours profitable de croiser les regards sous seule réserve que les frontières soient bien délimitées. Aucun enseignant ne se permettrait de donner des directives à un orthophoniste ou à un pédopsychiatre. Il n'y a pas de supériorité professionnelle entre professionnels. Sur cette base, les échanges entre professionnels ont toute leur place et il y va de l'intérêt de chacun d'établir des dialogues autour de compétences respectives et respectées.

Le signe qu'il s'agit d'un type de dialogue fructueux, c'est lorsque le neuropsychiatre se sent interrogé lors d'un échange avec un enseignant ; s'il y a simplement consigne, on est alors en situation de subordination professionnelle. Si un professionnel dit à un membre d'une autre catégorie professionnelle comment exercer son métier, il y a malentendu. Il ne peut s'agir que d'éclairages de perspectives et de confrontations réciproques. Il n'y a pas de hiérarchies entre professionnels. Le meilleur professionnel de la chaussure, c'est le cordonnier-fabricant-vendeur. Le meilleur professionnel de la classe, c'est l'enseignant et nul autre. A partir d'une authentique reconnaissance professionnelle, on peut élaborer des partenariats pluridisciplinaires fructueux.

Bien sûr, dans des domaines qui ne concernent pas spécifiquement la classe, un professionnel extérieur peut faire part de son expertise ; ce peut être le cas d'un médecin à propos d'une prescription concernant un enfant. Dans cette situation, le contexte de la classe n'est pas l'élément déterminant ; il s'agit d'un élément générique. Le cas échéant, l'enseignant sera bien inspiré d'en tenir compte, car l'avis médical s'applique dans tous les contextes : classe, cantine, camp d'été, etc. En clair, il ne s'agit pas de devenir susceptible face à des remarques de professionnels. Le périmètre, à délimiter et à faire respecter, pour l'enseignant, concerne la conduite de la classe. Pour le reste, chaque professionnel peut faire état de ses compétences dans l'intérêt d'un enfant. Il faut du respect et de la considération positive inconditionnelle entre experts.

En résumé, l'enseignant doit se faire respecter et se respecter lui-même. Ainsi, il évitera de casser sa propre professionnalité en disant que telle discussion dans la cour équivaut à un conseil de maîtres ; aucun professionnel ne traite les problèmes par-dessus la jambe. Il faut faire attention à ne pas subir un retour de manivelle suite à nos propres discours.

Les bienfaits insoupçonnés d'un système

Pour garder le cap de ses bonnes résolutions.

Maëlle est débutante dans le métier. Elle est très motivée, car le stage sur la métacognition l'a passionnée. Elle se sent une énergie nouvelle et une détermination à toute épreuve. Elle ne peut pas imaginer perdre le cap de ses résolutions ainsi que de toutes les bonnes idées qu'elle a pu relever. Oui, mais, à l'usage, on constate que les enseignants retombent dans le quotidien et reprennent leurs anciennes habitudes. La question : Comment faire pour garder le bénéfice des bonnes lectures ou des bonnes formations ?

Il est tout à fait normal que le naturel reprenne le dessus. C'est d'ailleurs sa propre définition. Le quotidien d'une classe est tellement complexe, riche, contraignant, déstabilisant que tout enseignant se retrouve à oublier progressivement ses meilleures résolutions. Que faire face au poids d'une telle fatalité ? Est-il possible de réellement mettre en oeuvre de manière *définitive* des éléments essentiels appris, découverts, redécouverts lors de stages ou de lectures ? Oui, c'est possible.

Vygotski[1] le dit et ceci est repris par Tricot[2] : l'école se différencie de la maison en ce sens que l'école fournit un système alors que la maison fonctionne au naturel. Le milieu familial propose un cadre qui n'est pas forcément conscient ; l'école a un programme, des règles, des contrôles et c'est ce qui en fait un système. Dès lors, pour qu'un enseignant conserve ses bonnes dispositions, il lui suffit de prendre appui sur ce qu'il fait de mieux, à savoir la mise en système.

L'enseignant est la personne le plus à même de comprendre les bénéfices que l'on peut tirer d'une structure qui n'est pas *au naturel*. Un système inclut toujours de l'inertie, des aspects sociaux, des règles. Un enseignant doit s'inscrire dans sa propre dynamique scolaire s'il veut tenir ses résolutions. Il les pose dans un cadre.

---

[1] Vygotski, L. (1997). Pensée et langage. Paris : La Dispute
[2] Tricot, A. (2014). Conférence à l'Espe de Montpellier, le 8 octobre

La mise en système passe par un minimum d'écrits. Ce peut être un résumé, quelques phrases clés ou quelques notions essentielles incontournables ou encore des maximes. Comme pour les enseignements donnés aux élèves, l'enseignant peut réaliser une affiche pour lui-même dans la classe. Par exemple, pour être sûr de ne pas oublier les six moyens de travailler en zone proximale de développement (cf Gallimore & Tharp, p. 62), l'enseignant se fabriquera une affichette qu'il posera tout près de son bureau. A quel titre les affichages ne seraient utiles que pour les élèves ?

Dans l'esprit d'un système, il faut aussi inscrire ses résolutions dans une pratique partagée avec les collègues. Le groupe constitue une force. Il faut prendre des décisions collectives dans le cadre scolaire ; pas pour l'aspect règlementaire, mais plutôt parce que cela aide à *tenir le cap*. Faire partie d'un groupe est engageant. Lorsqu'une enseignante dit à ses collègues qu'elle intègre dans sa pratique la zone proximale de développement, cela prend une valeur d'engagement. C'est ainsi plus facile à tenir. En effet, il y a tellement de bonnes raisons de décrocher qu'il vaut mieux s'accrocher les uns aux autres, à la manière des wagons d'un TGV. Les groupes qui fonctionnent bien constituent un ensemble d'individualités bien accrochées qui se renforcent mutuellement sans se marcher sur les pieds.

Enfin, afin de profiter au maximum d'un système, il faut se référer à des règles. Pourquoi ne pas apprendre par coeur les six manières d'être en zpd ? Pourquoi ne pas organiser sa classe en se disant que chaque lundi matin, une mini évaluation diagnostique permettra de pointer la zone proximale des élèves ? Etc.

En résumé, un enseignant ne peut pas s'en remettre exclusivement à son feeling ou à ses intuitions. Ces sentiments appartiennent plutôt au milieu familial. L'école est un système. Ce que l'on reproche à l'école, ce sont justement ses qualités. Certes, il ne s'agit pas de se réfugier derrière le système, mais ne négligeons pas non plus que ce qui fait son intérêt, c'est justement l'aspect organisationnel. Eduquer un enfant, c'est l'accompagner dans ce passage, allant du milieu familial naturel à une société organisée autour de valeurs négociées et partagées.

CONCLUSION

Recette pour une bonne gestion de classe

Ingrédients
- Classe hétérogène, c'est facile, elles le sont toutes.
- Enseignante ou enseignant de bonne volonté.
- Collègues sympas, sinon s'en accommoder.
- Parents ordinaires, en fait ils ne le sont jamais vraiment.
- Locaux spacieux, pour pouvoir bouger, se lever, s'étirer.
- Des jeux, l'enfant est toujours plus grand dans le jeu.

Étapes
- Ne surtout pas commencer l'année par un règlement.
- Ne jamais faire cours ; impliquer, enrôler, encourager.
- Assumer vraiment les temps d'assimilation de chaque enfant.
- Suspendre tout jugement, privilégier la compréhension.
- Faire comme si les enfants étaient de vraies personnes.
- Saupoudrer de jeux, d'humour et de magie, régulièrement.

Précautions
- Si vous êtes *cuits*, ne pas s'inquiéter. Vivre des journées entières, entourées de 25 êtres humains, c'est exigeant.
- Eviter les punitions. Elles ne servent qu'à éloigner l'enfant.
- Privilégier les conséquences qui aident la personne à devenir responsable de ses actes. Croire en l'éducabilité.

Déroulement
- Attendre, attendre parfois de longues années...
- Oublier définitivement le triste mot *redoublement*.

Dégustation
- Du coin de l'oeil, regarder les belles personnes que vous avez aidées à grandir. Beaucoup ne se souviendront jamais que c'est grâce à vous.
- Fermer les yeux. Savourer. Partager.

ÉPILOGUE

Solène, suite et fin.

En introduction, je relatais la visite de validation d'une enseignante stagiaire. Je poursuis ici cette histoire. Après lui avoir dit : «*Je sais que c'est un coup dur pour vous. Mais je refuse, en l'état, de donner un aval pour votre titularisation*», j'ai rajouté...

«*Mais si vous êtes d'accord, je veux bien revenir vous voir dans quinze jours. Si vous pouvez me montrer que vous avez pris la mesure de vos lacunes, je veux bien revoir ma position. Je vous préviens, je serai intransigeant. Montrez-moi comment vous pouvez assurer une vraie gestion de classe.*»

Deux semaines plus tard, je reviens observer Solène dans sa classe. Pour être franc, c'était loin d'être parfait. En revanche, il y avait une nette prise en compte des conseils que je lui avais donnés lors du premier entretien. Les élèves travaillaient un peu mieux. J'ai pu vérifier qu'il y avait du progrès dans la conduite de la classe.

«*Il reste encore du travail, lui dis-je. Si vous me promettez de maintenir cette dynamique, je suis d'accord pour préconiser votre titularisation.*» Je laisse deviner à chacun quelle fut sa réponse.

Il est parfois salutaire d'entendre ce qu'on ne vous dira jamais.

SF

BIBLIOGRAPHIE

Bachelard G. (1957). *La formation de l'esprit scientifique : contribution à une analyse de la connaissance objective.* Paris : Librairie philosophique J. Vrin.

Bandura, A. (1976). *L'apprentissage social.* Mardaga, Bruxelles.

Blank, M. & White, S. (1999). *Activating the zone of proximal development in school : obstacles and solutions*, p331-350, in Lev Vygotsky, Critical assessments. ed. Routledge, London 1999, Volume III, The Zone of proximal development.

Bougnoux, D. (1993), *Sciences de l'information et de la communication*, Larousse, (Watzlawick p252).

Brougère, G. (1995). *Jeu et éducation.* Paris : L'Harmattan.

Brousseau, G. et al. (1998). *Théorie des situations didactiques.* Didactiques des mathématiques. Grenoble: La Pensée Sauvage.

Bruner, J. (1996). *L'éducation, entrée dans la culture.* Retz.

Casalonga, S. (2012). Apprendre vite et mieux. *Le monde de l'intelligence*, N° 23 - février/mars, p. 9-13 [Article sur Britt-Mari Barth]

Clément, E. et al. (2007). *Philosophie, la philosophie de A à Z*, Paris : éd. Hatier.

Dehaene, S. (2014). *Cours sur les Fondements cognitifs des apprentissages scolaires* : Education, plasticité cérébrale et recyclage neuronal. Chaire de Psychologie expérimentale, Collège de France, Paris.

Fourez, G. (2004). *Apprivoiser l'épistémologie*, De Boeck.

Freinet, C. (1964). *Les invariants pédagogiques*, Bibliothèque de l'école moderne N°25. Cannes : Ed. de l'école moderne française.

Gallimore, R. & Tharp, R. (1999). *Teaching mind in society* : teaching, schooling, and literate discourse, p296-330, in Lev Vygotsky, Critical assessments. ed. Routledge, London 1999, Volume III, The Zone of proximal development.

Genecand, M.P. (2019). *Enseignants, le droit d'aimer.* https://www.letemps.ch/societe/enseignants-droit-daimer

Guéguen, N. (2017). Le pied dans la porte. Le cercle psy. Hors série numéro 6, novembre.

Hacker, P.M.S. (2000). *Wittgenstein, Les grands philosophes*, Points/Essais, Le Seuil, Paris.

Heath, C. & D. (2007). *Made to Stick.* N.Y. : Random House.

Itard, J. (1801). *Mémoire sur les premiers développements de Victor de l'Aveyron.* http://profshistoirelcl.canalblog.com/archives/2006/10/29/3110041.html

Kahlil, G. (1993). *Le prophète.* ed : Casterman.

Kahneman D. (2011).*Thinking fast and slow.* Penguin books, UK.

Legendre R. (1993). *Dictionnaire actuel de l'éducation* (Cite Caron, J. 1991, p. 208. Entrée : *pédagogie cognitiviste*), Montréal, éd. Guérin.

Ministère de l'Education nationale et de la jeunesse, (2018). *Etat de l'école. Indicateurs sur le système éducatif français.*, N°28/29 [«En début de sixième, 85 %f des élèves ont acquis les attendus des connaissances et des compétences des programmes en français et 73 % en mathématiques».

Ministère de l'Eduction nationale et de la jeunesse, (2015). *Socle commun de connaissances, de compétences et de culture. Bulletin officiel* n° 17 du 23 avril.

Perrenoud, P. (2002). *Dix principes pour rendre le système éducatif plus efficace.* http://www.unige.ch/fapse/SSE/teachers/perrenoud/php_main/php_2002/2002_21.html

Piaget, J. (2008). *La représentation du monde chez l'enfant*. Paris : Quadrige/Puf.

Prudhomme, L. (2005). La construction d'un îlot de rationalité autour du concept de différenciation pédagogique, *Journal of the Canadian Association for Curriculum Studies*, Volume 3 Number 1 Fall.

Rogers, C. (1972). *Liberté pour apprendre*. Paris-Bruxelles-Montréal : Dunod.

Rosenberg, M. (2005), *Les Mots sont des fenêtres*, Paris : La découverte.

Saint-Exupéry, A. (2007) *Le Petit Prince*. Paris: Gallimard/Folio Junior.

Seron, X. (2007). *La neuropsychologie cognitive*, PUF, Que sais-je N° 2754

Skinner, B.F. (1972). *Par-delà La Liberté et La dignité*. Paris : R. Laffont, 1972.

Tricot, A. (2014). *Apprentissages à l'école maternelle, incidents formels et informels*. Conférence présentée le 8 octobre à l'ESPE de Montpellier.

Viau, R. (2004). *La motivation : condition au plaisir d'apprendre et d'enseigner en contexte scolaire*, Université de Sherbrooke (Québec), 3e congrès des chercheurs en Éducation, Bruxelles.

Virat, M. (2019). *Quand les profs aiment les élèves*. Odile Jacob.

Von Franz M.L. (2001). *Psychothérapie,* France, Editions Dervy.

Vygotski, L. (1977). *Pensée et langage*, Paris : La Dispute.

Watzlawick, P. (1988). *L'invention de la réalité. Comment savons-nous ce que nous croyons savoir* ? Contributions au constructivisme. Paris: Ed. du Seuil.

Winnicot, D.W. (1975). *Jeu et réalité*. Folio/essais, Gallimard.

Zakhartchouk, J.M. (1999). *L'enseignant, un passeur culturel*. Paris: ESF.

INDEX DES SUJETS ABORDÉS
(auteurs en gras)

Accompagner : 17, 18, 23, 26, 29, 58, 76, 80, 86
Affichage : 63, 89
Aider : 19, 33, 44, 62, 63, 64, 89
Attention : 23, 26, 289, 31, 32, 49, 51, 56, 61, 73, 76, 81, 87
Autonomie : 17, 57, 61, 63, 72, 76, 81
Autorité : 31, 34, 38, 40, 54, 63
Bachelard, G. : 1, 26
Bagarres : 64, 80
Barth, B.-M. : 2, 17
Besoin : 17, 18, 29, 42, 52, 53, 60, 66, 79, 80,
Bienveillance : 62, 69
Blank & White : 65, 70
Bruit : 23, 39, 49, 51
Bruner J. : 2, 79
Cadre : 26, 52, 56, 73, 76, 88, 89,
Calcul : 24, 40, 47, 56, 78
Calme : 23, 31, 32, 33, 39, 43, 45, 51, 71, 83,
Capable : 17, 19, 20, 24, 46, 50, 57, 70, 79, 86
Cause : 16, 22, 28, 31, 72
Cerveau : 34, 38, 40, 41, 47
Changement : 16, 22, 23, 41, 80, 85
Choisir : 15, 17, 22, 25, 33, 38, 53, 63, 65, 72, 74
Cognitif : 24, 50, 57, 59, 61, 62,
Cohérence : 30, 48
Colère : 28, 44, 45, 71,
Communication : 18, 21, 49, 56, 71, 80
Compétence : 22, 50, 52, 53, 62, 72, 73, 86, 87
Complexe : 20, 30, 31, 88
Comportement : 27, 31, 32, 34, 42, 44, 75, 77, 80, 83
Compréhension : 16, 17, 18, 19, 20, 22, 23, 25, 29, 30, 32, 33, 34, 35, 36, 37, 39, 40, 43, 44, 48, 50, 52, 53, 55, 56, 58, 60, 66, 67, 69, 70, 71, 73, 74, 75, 79, 82, 84, 85, 88
Concentration : 50, 56, 76
Concept : 15, 20, 25, 26, 30, 31, 49, 56, 57, 59, 61, 80, 83
Concret : 15, 27, 55, 56, 57, 61, 71
Confiance : 25, 29, 49, 71, 74, 86
Conflit : 28, 40, 52, 53, 64
Conscience : 18, 19, 20, 25, 27, 28, 31, 34, 39, 48, 50, 57, 58, 69, 75, 76, 77, 79, 88
Consigne : 20, 23, 24, 31, 34, 40, 54, 72, 87
Construction : 25, 26, 28, 30, 41, 48, 50, 54, 66, 67, 73, 75, 83
Contexte : 57, 63, 86, 87
Décider : 16, 17, 18, 25, 33, 37, 39, 43, 48, 55, 64, 66, 72, 75, 84, 89
Dehaene, S. : 38
Difficulté : 18, 24, 27, 29, 32, 35, 43, 48, 57, 86
Discipline : 40, 55, 72
Dissociation : 63, 74
Ecouter : 17, 18, 23, 35, 50, 53, 56, 64, 71, 73
Ecrire : 18, 24, 25, 30, 36, 63, 68, 70, 74, 76, 79, 84
Eduquer : 51, 73, 80, 85, 89
Emotion : 44, 45, 81, 84, 85
Empathie : 53
Explicite : 18, 20, 27, 54, 57, 70,

79
Expliquer : 15, 17, 39, 58, 59, 61, 65, 69, 70, 74, 84
Gallimore & Tharp : 62, 85, 89
Gestion : 19, 22, 40, 42, 43, 45, 51, 54, 56, 57, 60, 66, 82, 83, 88
Heuristique : 46
Implicite : 24, 31, 39, 70
Impliquer : 15, 57, 77, 85
Jeu : 17, 20, 21, 25, 31, 32, 33, 37, 39, 52, 53, 63, 64, 67, 70, 79, 82, 84, 86
Kahneman, D. : 41, 46
Leçon : 16, 17, 21, 25, 36, 42, 47, 50, 54, 72, 73, 74, 75, 78, 84, 85
Négocier : 34, 64, 89
Objectif : 53, 78
Paradoxe : 25, 27, 33, 46, 58, 60, 79, 86
Pédagogie : 16, 18, 22, 26, 27, 32, 36, 37, 38, 40, 41, 42, 47, 50, 54, 59, 61, 64, 69, 75, 83
Problème : 15, 18, 19, 24, 33, 37, 42, 47, 48, 52, 61, 63, 64, 66, 67, 71, 72, 82, 84, 87
Punition : 34, 35, 38, 41, 51, 91
Question : 16, 17, 22, 24, 26, 29, 32, 37, 39, 44, 46, 50, 59, 62, 67, 73, 74, 81, 82, 88
Récréation : 21, 31, 34, 35, 38, 40, 42, 44, 52, 58, 72, 80, 82
Règles : 18, 19, 27, 37, 39, 42, 64, 69, 71, 72, 75, 85, 88, 89
Réponse : 17, 18, 21, 26, 28, 35, 39, 46, 47, 50, 55, 57, 59, 60, 61, 62, 64, 69, 73, 74, 79, 82, 84
Responsabiliser : 16, 17, 20, 43,

49, 58, 66, 71
Stratégie : 34, 37, 48, 53, 64
Système : 23, 25, 36, 63, 64, 79, 88, 89
Tâche : 24, 26, 28, 57, 60, 70, 77, 78, 79, 84, 86
Tension : 23, 25, 43, 47
Théorie : 42, 77
Thérapie : 33, 37
Transition : 22, 23, 57
Travail : 15, 18, 22, 24, 37, 57, 61, 62, 66, 75, 79, 80, 84, 85, 89
Tricot, A. : 78, 79, 88
Turbulent : 27, 33, 38
Valeur : 51, 58, 64, 89
Viau, R. : 29
Vigilance : 19, 31, 46, 55, 70, 71, 73
Violence : 64, 80
Virat, M. : 85
Vicariant : 73
Volonté : 26, 39, 40, 47, 50, 58, 79
Vygotski L. : 29, 30, 37, 39, 50, 56, 59, 76, 88
Watzlawick, P. : 33
Winnicot, D.W. : 37
Wittgenstein, L. : 38, 44
Zone proximale de développement : 29, 62, 85, 89

REMERCIEMENTS

De précieuses personnes ont accepté
de relire les textes, avec bienveillance

Christiane,
Pascale et Vincent

Guillaume

Céline et Sylvie

Ainsi que

Christine Dardier
Pascal Rivet, conseiller pédagogique

•

Merci à
Claudie FRITSCH
alias DESIRELESS

pour son amitié et sa douce inspiration au voyage

ET

Un merci tout spécial à Brigitte

DU MÊME AUTEUR
... à venir en 2019-2020

- Il n'y a pas d'élèves en difficultés à l'école

- La construction du nombre

- La résolution de problèmes mathématiques

- Abécédaire pédagogique pour survivre en classe

- Devenir enseignante, des appréhensions maîtrisables.

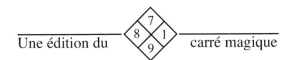

Une édition du carré magique

CONTACT AUTEUR

zoneproximale@free.fr

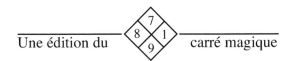

Made in the USA
Middletown, DE
18 September 2019